王雲五評傳

郭太風———著

中冊

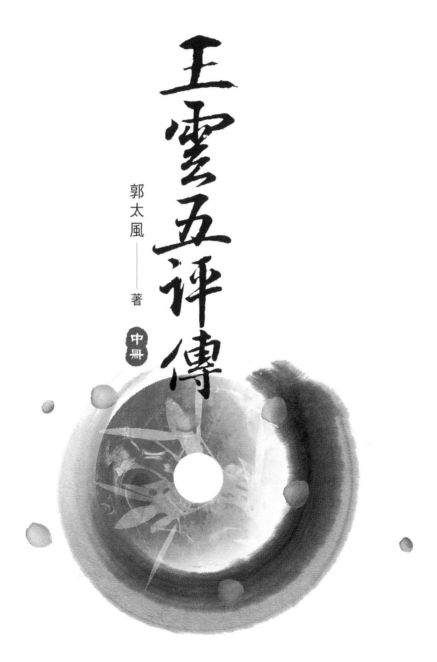

目 錄
CONTENTS

第六章

重振商務事業

「一‧二八」劫難，商務總館與東方圖書館毀於一片火海，被迫停業。解雇職工，規劃復興，自謂以「菩薩心腸」作「魔王姿態」。

　　在正常情況下，王雲五的「科學管理法」不可能得到有效貫徹。然而，時局驟變，商務印書館遭受的深重災難卻意外地給王雲五提供了「變法圖強」的機遇。這一災難是由日軍的轟炸造成的。

　　「九一八」事變之後，日本帝國主義又於 1932 年 1 月 28 日蓄意在上海製造事端，擴大侵略。1 月 29 日上午 10 時許，日本飛機向閘北寶山路上的商務館總廠投擲 6 枚炸彈，炸毀印刷所與製造總廠、棧房以及尚公小學。時任編譯所所長的何炳松描述了總廠被毀的慘狀：「第一彈中印刷部，第二彈中棧房，當即爆裂發火。……火起後日機復繼續擲彈，於是全廠皆火，濃煙彌漫天空。又因總廠紙類堆積甚多，延燒更易。廠中各種印刷機器全部燒毀。焚餘紙灰飛達十數里外。是日下午 3 時許全廠盡毀，唯火勢至 5 時許猶未全息。[1]」

　　2 月 1 日晨 8 時許，商務總廠對面的東方圖書館和編譯所也被戰火殃及，火勢熾盛，紙灰飛揚，燃至傍晚時分，巍峨挺拔的東方圖書館五層大廈被燒剩一個空架子，樓內的編譯所也蕩然無存。東方圖書館被毀，也是日機轟炸造成的惡果（據《商務印書館九十年》所載曹冰嚴〈張元濟與商務印書館〉一文中的說法，是「日本浪人又潛入東方圖書館縱火焚燒」）。何炳松在〈商務印書館被毀紀略〉一文中寫道：「當本館總廠被毀之日，東方圖書館及編譯所已有人傳言因火焰沖過馬路，亦遭殃及。」這是商務創立以來所受到的最大打擊。據事

1　何炳松：〈商務印書館被毀紀略〉，載《東方雜誌》第 29 卷第 4 號。

後估計，商務所損失的資產總價值達 1633 萬元[2]。其中最令人痛心的是，「東方圖書館三十年來陸續搜羅所得之巨量中外圖書，極大部分之舊四部各善本書，累積多年之全部中外雜誌報章，全套各省、府、廳、州、縣志，以及編譯所所藏各項參考書籍及文稿，至是盡化為劫灰[3]」。得以倖存的只是涵芬樓部分珍貴的古籍善本，這些珍品於北伐軍興之際已移存金城銀行倉庫。「一‧二八」事變發生之際，王雲五不在商務總館。事變發生前幾天，日方已有武裝侵略上海的跡象。1 月 25 日，王雲五在英租界內威海衛路租得一幢房子，暫且安頓家眷，他自己每晚獨自去北四川路舊址住宿。1 月 28 日夜間 9 點，他接到李拔可電話，告以日軍即將發動進攻，於是馬上去威海衛路新居不遠處的滄州別墅開了一間有電話的房間，便於對外界聯絡，他很快就獲悉商務館總廠與東方圖書館被毀的消息。

對於商務總館廠和東方圖書館被毀一事，國人同感痛惜，紛紛譴責日軍蓄意破壞我國的文化事業，各級軍政官員也表示要嚴正交涉。上海市市長吳鐵城，國民政府委員孫科、李宗仁、陳友仁，十九路軍軍長蔡廷鍇等都發表通電，強烈譴責日軍的野蠻行徑，揭露其破壞中國文化事業的險惡用心。

文化設施遭到毀滅性的摧殘固然令人心痛，然而商務印書館職工面臨的是更亟待解決的問題 —— 如何生存。在滬商務職工 3700 餘人，大多居住在戰火紛飛的閘北地區，家室財物同遭劫難，有些人到寸土寸金的租界找旅館暫且安身，有些人打算湊集旅費舉家回鄉，紛

---

2 國民黨政府經濟部檔案，轉引自劉惠吾主編：《上海近代史》下冊（上海市：華東師範大學出版社，1987年），頁 250。

3 何炳松：〈商務印書館被毀紀略〉，載《東方雜誌》第 29 卷第 4 號。

紛湧到發行所，要求館方救濟。2 月 1 日商務董事會召開緊急會議，通過王雲五提出的建議：第一，上海總館所屬在滬各機構一律停業。第二，總經理及兩位經理辭職照準，由董事會另組特別委員會處理善後事宜。特委會委員為丁斐章、王雲五、李拔可、高翰卿、高夢旦、夏小芳、張元濟、葉揆初、鮑慶林，常務委員為王雲五、夏小芳、鮑慶林（後又決定張元濟為委員長、王雲五為常務主任）。第三，本館同人 1 月份工資照發，另支半月薪水作為補助。第四，同人在館內存款 50 元以下可全部提取，50 元以上部分先提取四分之一，其餘分期提取。第五，各地分支館照常營業。2 月 5 日，商務印書館董事會通告在滬職工：全體停業，發資遣散。3000 餘名職工馬上感受到失業的威脅，數以百計的股東則擔心血本付諸東流，紛紛要求館方處理好善後事宜。館方設在四馬路的一間事務所裏，從早到晚擠滿了愁腸百結的人群，或懇求發給救濟費，或詢問復館復業是否還有可能。

大難臨頭，商務印書館的舊同人和股東皆擯棄先前的嫌隙，支持王雲五出面規劃復興商務事宜。甚至早已不管具體館務的張元濟和高夢旦也天天到商務印書館臨時辦公處，「襄助王先生辦事」，為商務事業重整旗鼓效力[4]。王雲五大為感動，認為收拾餘燼，規劃復興，責無旁貸。他用第三人稱寫了一段話，以表白心志，於家人眷屬、於商務事業、於國家民族都深含情感：

他如果趁此機會卸責，或者尚不至有人責備他，同時他還有八十多歲的老父，將近八十歲的老母，以及留在提抱的幼兒；他明知肩負這種責任，可以陷他於極端的危險，使其全家老幼失所依賴。但是他

4　《胡適散文》（北京市：中國廣播電視出版社，1992 年），第 4 集，頁 160。

一轉念，敵人把我打倒，我不力圖再起，這是一個怯弱者。他又念，一倒便不會翻身，適足以暴露民族的弱點，自命為文化事業的機關尚且如此，更足為民族之恥[5]。

但是，重振商務事業需要投入資金，維持停業職工的生存也需要大量資金。孰重孰輕，孰先孰後？王雲五處於兩難境地。館方在幾天內只撥出 30 餘萬元，以加給每位職工半個月工薪的名義分發，另加 10 元救濟費，並允許職工按規定提取少量存款。許多職工指望館方繼續籌款救濟，或盡快復業，還有些職工要求館方支付全部存款。王雲五算了一筆賬：商務印書館可動用的資金僅 200 餘萬元，但欠下的債務達 500 餘萬元，包括客戶訂書存款 100 多萬元、商務職工存款約 90 萬元、待付進貨款 80 萬元及其它債務 200 餘萬元。如果立即清償職工所有存款，勢必引起其它債權者恐慌，從而多方面催逼還債，館方將難以應付。王雲五和商務其它高層人士面臨兩種選擇，一是宣佈破產，職工將得到較多的經濟補償；二是為復興商務作準備，必須緊縮一切開銷，但將難以照顧好職工利益。館方選擇了後者，具體方法由王雲五提出，在 3 月 16 日董事會上通過，即不宣佈破產，以解雇總館廠全體職工為代價，竭力保住商務印書館。王雲五對自己提出這一絕情的建議似有苦衷和歉疚之感：

我對於此一建議，實係以「菩薩心腸」作「魔王姿態」，在旁觀的人或可見諒，而對於被解雇的職工在當時是無可諒解的[6]。

資方首先考慮的是如何復興企業，勞方面臨的則是生存問題，雙

5　王雲五：〈兩年中的苦鬥〉，載《東方雜誌》第 31 卷第 1 號。
6　王雲五：《岫廬八十自述》，頁 205。

方的利益出發點不同，難以相互諒解。由於商務董事會已經決議解雇全體職工，當然得償還近 90 萬元的職工存款，對其它債權人則以「即將復業」為由延緩償債。這真是「裏外不是人」的舉措。儘管王雲五里裏外外周旋應付，好話說盡，但商務原職工對資方「全體解雇」這一招極其憤怒，債權人則對館方欠債不還耿耿於懷。王雲五成為矛盾的焦點，受到眾人的指斥和輿論的抨擊。他在《兩年中的苦鬥》一文中，描述了他當時的處境和態度：

計自去年 3 月 16 日商務印書館董事會議決總館業經停業各職工全體解雇之日起，至 8 月 1 日復業之前後，半年之內，我無時不受辱和威嚇。好幾次因外間攻擊我太厲害，許多親友都力勸我脫離商務印書館，以免名譽掃地。我答以只要良心過得去，臉皮儘管厚些。……除了一次簡單聲明立場外，對於任何攻擊我的文字，概置之不復。

儘管王雲五可以不理會社會輿論的批評，但不得不處理「全體解雇」的善後問題。在如何發給退俸退職金的問題上，勞資雙方相持不下，衝突尤為尖銳。資方原來規定按職工工作年資發給退俸退職金，但王雲五以公司受災慘重為由，改為按原定金額的 17.8% 發給。勞方認為資方不顧職工死活，一味賴帳，群起奮爭。連 60 餘歲的商務元老勳臣杜亞泉也反戈一擊，被推為勞方代表。杜亞泉為商務印書館效力了 28 年，資歷深、地位高，照原規定可得退俸金 1 萬餘元，他指望用以安度晚年，資方的賴帳行為，將使他不可能指靠退俸金養家活口。失望之餘，這位商務的「元老忠臣」與工人一起造反了。職工代表情緒激憤，圍住王雲五，強烈抗議館方扣減退俸退職金，要他馬上

採取補救措施。王雲五拒不妥協，並請求租界巡捕房派警隊驅散職工代表，同時疏通上海特別市社會局，請求政府出面調解，說服職工讓步。然而，職工代表認定王雲五是出「損招」的主謀人，不輕易放過他，社會輿論也同情勞方，譴責王雲五等人。

正當王雲五窮於應付之際，他的父親於 4 月 8 日病故，於是親友多勸他以服喪為名，在家裏躲避個把月，靜觀商務勞資雙方鬥爭情勢的變化再決定對策。但此時的王雲五就好比乘上戰車的鬥士，不是殺開一條血路，便是車毀人亡，迴避退縮無異於自毀名聲，必將失去繼續拼搏的資格。於是他「不惜短喪廢禮」，4 月 10 日便將乃翁葬在萬國公墓，第二天在《申報》和《新聞報》刊登有關啟事，以盡職責難盡孝道為基調，表明自己復興商務事業的決心，言辭懇切動人，還有幾句高姿態的話：「值此國家多難，尤不宜耗物力。故葬前不敢告喪，葬後也不開弔，所有饋贈概不敢領。[7]」這份啟事見報後，輿論界對他的抨擊緩和了些，商務原職工也不再同他個人「過不去」，這或許是國人重禮的緣故。

這時，勞方改變了鬥爭方式。商務總館廠各所處原工會和職工會以「被難善後委員會」的名義，延聘律師，打算用法律手段討回職工的權益。館方則請上海工商界聞人虞洽卿、王曉籟等人出面調解，勸勞方代表放棄訴訟。經過市府與虞洽卿等人調解，最終促使商務勞資雙方達成和解協定，勞方不再堅持領取全額退俸退職金，資方則另撥 2 萬元救濟勞方特困者，並允諾復業時優先錄用舊職工。

7　《申報》，1932 年 4 月 11 日。

5月9日，商務印書館董事會發表通告，標題為「為遵照社會局批令發給總館職工解雇退職金併發還特別儲蓄事[8]」，該通告轉引社會局批令：同意館方解雇所有職工，「唯該館在戰事期間曾發給全體職工每人薪金半月，又維持費拾元，現除加發半個月薪金外，應再將總館職工應得之退俸金基金二十二萬八千餘元，按照酬恤章程比例，減成分配發給。如每人兩項所得不滿五十元者，應一律補足五十元；學徒所得不滿二十五元者，照前數補足。職工全部存款及特別儲蓄，亦應由館方設法盡先發足，所有職工前借薪資概予免還，以示格外體恤。」館方實際上為解雇職工一事前後共支付 150 餘萬元，其中發還職工儲蓄 87 萬餘元，以各種名義額外發給職工賑災補助費 67 萬餘元。但退俸退職金仍按原額 17.8%發給。王雲五認為資方已盡了最大努力，勞方則認為資方沒有盡心盡力救助貧困職工。這場特殊形勢下產生的勞資糾紛，在雙方都不很情願的情況下，終算畫上一個不圓滿的句號。

在處理紛繁複雜的勞資糾紛的同時，王雲五分出部分精力，為復興商務總館作準備，主要採取三條措施：一是調查上海發行所和各地分館所存書籍和其它資產，作合理調劑，設法盡快銷出圖書；指令各分館匯交近半年的營業收入，作為復興總館的用款。二是利用香港和北平兩家分廠，從事大規模生產，以彌補上海總廠被毀所喪失的生產能力。同時增添設備，發掘潛力，這兩家分廠的印書量增加了六七倍。第三條措施是暫時優先印行盈利較大的書籍，以增加收入，重點抓好中小學教材及參考書的印行。由於教材必須趕在秋季開學以前發

8　一藪：〈再記被毀後之商務印書館及其解雇問題〉，載《中國新書月報》第 2 卷第 3、4 號合刊。

行，王雲五於 3 月 5 日即通知香港、北平兩家分廠，停止排印外來稿件，傾全力承印中小學用書，並指派莊百俞北上，李伯嘉南下，分別督導兩地工作。香港、北平兩地分廠加快工作節奏，如期完成了教科書印行計劃，為總館復興提供了必要的資金。

7 月 10 日，商務董事會提議將 500 萬元股本減至 250 萬元，選出新一屆董事會 13 人，夏小芳、高翰卿、張元濟、王雲五、李拔可、張蟾芬、高夢旦等均名列其間。新的董事會決定總館於 8 月 1 日復業[9]。不久，董事會仍推選王雲五為總經理，李拔可、夏小芳為經理。

由於「一・二八」戰役留下了嚴重的後患，商務印書館董事會決定不再利用閘北寶山路 80 畝地皮，其背景情形有如下述。十九路軍堅持一個多月的抵抗，於 3 月初退出上海。5 月 5 日，國民政府與日方簽訂了《淞滬停戰協定》。據該協定附件，日軍在吳淞、江灣、閘北大部分華界地區具有暫時駐兵權，中國軍隊只能駐紮在安亭—滸浦口以西地區，在淞滬地區沒有駐兵權[10]。在這樣的形勢下，商務印書館非但不能在寶山路舊址恢復總館及總廠，在上海華界任何地點都不可能冒風險再興建大規模的館廠。這也是復業後王雲五決定壓縮商務職工人數的客觀原因。

復業之際提出響亮口號——「為國難而犧牲，為文化而奮鬥」。改組機構，精簡員工，嚴行獎勤罰懶，要求人盡其力，物盡其用。把出版作為重振商務的重點，決定不再為發展印刷業而投資。

9　《時報》，1932 年 7 月 11 日。
10　唐振常主編：《上海史》（上海市：上海人民出版社，1989 年），頁 711。

8 月 1 日商務總館復業那天，王雲五提出「為國難而犧牲，為文化而奮鬥」的口號，並將這幾個字寫成大幅標語，懸掛於河南路發行所內，激勵同人奮發圖強。這一天，發行所布置得整齊清潔，辦事人員精神飽滿，殷勤地招待蜂擁而來的顧客，呈現一派欣欣向榮的氣象，籠罩在商務頭上半年多的失敗陰影一掃而清。復業前後，輿論對王雲五搞改革的評價反差很大。復業之前，輿論普遍指責他對待職工的手段太辣；復業之後，讚揚他改革有方，為復興商務做出了巨大的貢獻。其實，王雲五改革的基本出發點是一以貫之的，即採取一切有效措施復興商務事業。復業前，他力主解雇全體職工；復業後，他推行嚴格的獎懲措施，其利益的出發點當然不在職工而在館方，亦即資方。根本目的在於挽救、振興商務印書館，從大的方面引申則與發展我國文化出版事業有關，從小的方面探究則是他個人奮鬥的外在表現。他暫且置輿論於不顧，我行我素，兩年後商務事業再度繁榮，他才撰寫《兩年中的苦鬥》予以全面答覆，為自己作詳盡申辯，對於種種毀譽，他以勝利者常用的調侃語氣嬉笑怒　，半是諷刺他人，半是自我嘲解：

　　我以前種種捱罵，不見得因為該罵；後來受人恭維，也未必值得恭維。或者從前罵得過分些，後來也就不免恭維得過分些。依同一理由，現在如果受著過分的恭維，將來或者還不免過分的捱罵，這些都是意中事。我以為一個人要想做事，不獨要吃得苦，還需要臉皮厚，不過那副厚臉皮外須有一個良心和它陪襯才好。

　　不以物議為轉移的豁達態度，反映出王雲五具有很強的自信心，這是他力行改革的心理動力之一。至於「良心」，人言人殊，很難找

到標準答案，這涉及看人、看問題的角度或立場。下文敘及的商務印書館復業後的改革舉措，實際上能為解釋王雲五所謂的「良心」提供多層面的素材。

剛復業時，商務印書館總管理處設在河南路發行所三樓，編審部設在四樓。編審部取代了以前的編譯所，工作職能也有所變化。原編譯所的稿件，有相當部分是由編譯人員編寫或翻譯的，而今，編審部的書稿幾乎全是外來稿，編輯的主要精力用於組稿和審改稿件，因而編輯的人數也比過去少得多。從復業的第一天起，商務印書館就實施王雲五提出的總管理處組織章程，其要點為：除董事會規定的議決事項外，全公司行政主管權歸於總管理處，由總經理主持總管理處一切事務；總管理處下設編審、生產、營業、供應、主計、審核六部以及秘書處、人事委員會，以取代過去一處三所（總務處、編譯所、印刷所、發行所）的組織機制；總經理決定編譯員和副科長以上的人選，其餘人員的聘用由人事委員會負責。這樣，王雲五把商務印書館的經營權和主要人事權都牢牢掌握在他一人手中，重新開始推行他夢寐以求的科學管理計劃。

精減人員是推行「科學管理」的第一步，也是最為關鍵的一步，勢必涉及許多舊職工的根本利益——就業問題，也即飯碗問題。截至11月底，復業後的商務總館共聘用職工 1378 人，其中 1309 人是原職工，新近引進的人員僅 69 人。據此，王雲五對外宣稱，復業後聘用的職工中，舊同人占 95%，錄用舊同人的百分比遠遠超出社會局規定的比例，足以補償當初將職工「全體解雇」的遺憾。但是，他迴避了這樣一個事實：「一‧二八」事變以前，商務上海總館廠共有職工

3700 餘人，復業後沒有被覆聘的職工達 2400 餘人，也就是說，約三分之二的職工被永久解雇了。他的人事改革，可以說是以犧牲大多數舊同人的根本利益為前提的。

為了使裁減原職工一事便於操作，王雲五制定了親屬迴避原則，他說：「我對於進用職工方面定下一個原則，就是父子、兄弟已有一人進用的，其它概不進用。」其表面理由是重聘舊同人時要考慮機會均等，讓更多的家庭獲得就業機會。其深層的原因是避免日後工作中的「私情包庇」，因為過去父子、兄弟同在商務印書館工作的現象很普遍，在「工潮」中結成難以分化的力量。在確定復業後人事問題若干原則時，王雲五聲明的理由之一為：「誰都知道商務印書館在『一·二八』以前勞資糾紛頗多。我常常以為這些糾紛的原因很複雜，但公司方面用人不當與賞罰不明，實亦不能辭一部分的責。"」他力圖解決「用人不當」的問題，因而進用舊同人時把「情性」這一因素也列為選擇標準之一，以免「再生工潮」。他認為這條標準實施後很管用，「迄今我常常得著很大的安慰，就是舊人再進用者，大多數都能服從規律，熱心任事，無論生產營業或其它部分都是如此」。但是，有些「情性」不易調理的人，技能方面卻有優長，如若過分強調「情性」，必然將部分有技術有才能的人排除在外，甚至使有些崗位缺少合適的人選。於是王雲五為技術骨幹網開一面，他說：「我們為著技能的緣故，往往對於平素認為情性不易指揮的人，也不憚進用，甚至從前和我過不去的人，如為公司所必需，我也絕無成見，准其進用。"」可見，王雲五返聘舊職工，「情性」為第一標準，技能為第二

11　王雲五：〈兩年中的苦鬥〉，載《東方雜誌》第 31 卷第 1 號。
12　王雲五：〈兩年中的苦鬥〉，載《東方雜誌》第 31 卷第 1 號。

要素，力求兩者皆顧；在技能無他人可勝任的崗位上，則暫不計較「情性」，首先選用技能之士，這便是王雲五用人的原則性與靈活性的統一。

對於商務總館廠原女職工 800 餘人，王雲五原打算一概不返聘，到 1933 年春他改變了主意，決定少量使用，「去年復業時，所有女職工概從緩進用，直至本年三四月後漸漸在某部分進用少數女工，而且以盡先進用寡婦或未嫁女子為原則」。王雲五對優先聘用寡婦和未嫁女子，作了兩點解釋：其一，因過去女職工多係在職同人的妻女，現在聘用其丈夫或父親，便不宜再用她們，這與迴避原則一致；其二，因寡婦與未嫁女子生活更困難，給她們提供工作機會，解決她們的生計問題[13]。但是輿論認為，王雲五優先使用寡婦與未嫁女子，本意在於節約開銷，即不必為婦女分娩另給特殊待遇，平時則壓低她們的工資。《上海產業和上海職工》一書的作者認為，商務總館復業後搞所謂的「改革」，實際上強化了館方剝削職工的程度，對女工尤為苛刻：「在『一・二八』前，工人們有爭取到的許多利益和生活較低的緣故，所以可以勉強生活；『一・二八』後，工友們原有的利益，多給工賊出賣給公司，工人的生活就相當的困苦。有一個很明白的例證，就是工人的死亡率要超過以前的一倍呢！……最痛苦的要算女工，薪資比『一・二八』前減少五分之三，過去爭取到的分娩時的待遇亦被完全取消，但是她們仍要擔負家庭的生活。……其中最苦的要算女工了，她們那三四毛錢一天的工錢，當然沒有上飯館的資格，只好從家裏帶一碗冷飯，在放午飯時用開水來充填肚子罷了。[14]」

13　王雲五：〈兩年中的苦鬥〉，載《東方雜誌》第 31 卷，第 1 號。
14　朱邦興等編：《上海產業與上海職工》，頁 540-542。

復業之初，商務職工工資普遍較低。半年多以後，生產業務得到恢復發展，各級職工的勞動強度大大增加，工人的工資略有增加，高級職員的薪金則下調，職工人均工資水準大致與「一·二八」事變前持平。1933 年 3 月 26 日，王雲五在商務股東會常會上做報告，論及當時職工的待遇與工作狀況時說：

　　現在在職各同人，確是人人格外為公司盡力。至言及待遇，則高級職員薪水減少，工作時間加多，其它職員雖未減薪，亦增加工作時間。工友之工作時間仍舊，所得工資多有較從前增加者，例如鉛印上手在「一·二八」以前平均每月所得工資為五十一元三角，現在平均每月實得為六十三元七角。又鉛印助手在「一·二八」以前，平均每月所得工資為三十五元，現在平均每月實得為四十二元五角。但所有員工之努力程度，均較前增加甚多。因之，生產費用亦較前節省，勞資兩得其益[15]。

　　在商務總館廠半年停業期間，相當部分資深的高級編譯人員脫離了商務，另謀出路。復業後，館方很少使用高職高薪的資深編輯，這方面的支出自然就減少了。普通職員工作時間增加，工資不加，其實相當於減薪。工人的工資少量增加，其中技術工人工資的增幅稍大些，王雲五以鉛印技工的工資狀況作為典型例子，說明「勞資兩得其益」，顯然是孤證不立，缺乏足夠的說服力。

　　另一方面，王雲五對「物質刺激」的作用是深信不疑的。復業後8 個月，由於生產恢復發展情況良好，館方已有較充裕的資金，具備

15　王雲五：《岫廬八十自述》，頁 209。

了「物質刺激」的條件。1933 年 4 月，王雲五制定職工獎勵辦法，作為他推行科學管理法的一個組成部分：

> 將普遍分紅之總額，劃為普遍獎勵與特別獎勵兩部分，各占半數，除普遍獎勵金仍照向例，就總分支館及工廠各職工月薪數目比例分配外，其特別獎勵金之部，由於商務印書館組織頗複雜……經我詳加研究，分別訂為同人獎勵金分配暫行章程、總館特別獎勵金派發暫行規則及分支館獎勵金派發暫行規則[16]。

這一獎勵辦法是傳統與「科學」相結合的產物。「普遍分紅」是商務印書館的老傳統，「特別獎勵」是王雲五的「科學方法」，兩者結合使用，既可避免職工產生牴觸情緒，又起到了刺激作用。此後，王雲五適當增大獎勵金的數額，從而使生產效益明顯提高，資方獲大利，職工收入也有所增加。「經過一年的努力，上海總廠機器增至原有之十分之六，工人則減少一半；然而生產能力卻提高至『一‧二八』以前之二倍半，製造成本亦降低，每一工人收入卻較戰前增加百分之四十二。[17]」

單單靠獎勵金，還不足以發掘職工的全部生產潛力。嚴定工作標準，嚴格管理制度，全面實施管卡壓的硬性措施，是王雲五振興商務事業更為重要的手段。校對科技術人員金雲峰對 30 年代中期商務印書館職工工作情況所做的描述，反映出「科學管理」的嚴厲，及其造成的極為緊張的工作氣氛：

---

16 王雲五：《商務印書館與新教育年譜》，頁 374。
17 吳相湘：《出版家王雲五》，載臺灣《民國百人傳》，第 4 冊。

每天工作八小時，都在分秒必爭。凡是商務印書館的職工，上下班必打鐘片。這張鐘片就是本人的出勤記錄，會計科根據它計算工資，公平合理，不會發生爭議。這種全館一致的辦法，在廠部更是嚴格執行，上班的鐘聲剛止，立刻拉上鐵門，不許任何人隨便進出，絕不允許自由散漫[18]。

　　八小時工作制同樣適用於編譯人員，而且也得到嚴格執行。過去，編譯人員名義上每天工作六小時，實際上有很大的自由度，只要按期完成編輯任務，是否準時上下班並無嚴格規定，部分編譯人員還在外面兼職。王雲五這次推行的「科學管理」，重點之一便是管住編譯人員。1930 年初試行「科學管理法」，措施剛出臺便遭到全體編譯人員的責難，以至引發新一輪「工潮」，迫使王雲五收回成命。這次商務復業之前，王雲五即表示要雪洗上次改革失敗的「會稽之恥」，決然取消了編譯所，另設編審部，並且不再依靠編輯人員編譯書稿，改為主要使用外來投稿或約稿，將編輯的工作限於審改稿件。這是一石二鳥的改革舉措，既可大大縮減編輯人數而節省開支，又在稿源上不依靠編輯而削弱其重要性。編輯人員如果不願受規章制度約束，提出辭職，王雲五也不必虛與委蛇，「照準」便解決問題了，因為辭職的編輯帶不走書稿，補充新人員也不至於嚴重影響編輯工作。

　　對於剛進入各科室和工廠的學徒，王雲五開辦訓練班，提高其業務水準，增強其競爭意識。培訓不佔用上班時間，每天下班後進行一小時，注音符號、四角號碼和行書是必修的內容，此外，則根據各崗位專業特點進修專門技術。負責培訓工作的史久芸秉承王雲五的意

18 金雲峰：〈我和商務印書館〉，原載《商務印書館館史資料》，第 4 輯，轉引自《商務印書館九十五年》。

旨，激勵學徒的敬業進取精神，在開班的第一天他就說：「商務印書館從來是注意選拔人才的。你們只要肯努力，做出成績，都會被量材起用。你們年紀很輕，發展的機會很多，有了真本領，公司絕不會讓你們老是捧字盤，做雜工的。」學徒們聽了這樣的話很受鼓舞，無不刻苦學習業務，尋求個人發展的機會。學徒的勤奮好學對正式職工造成潛在威脅，而且，正式職工之間也處於同行相爭的氛圍中，崗位競爭的壓力轉化為拼命工作的動力。

吸取 1930 年大張旗鼓推行「科學管理法」慘遭失敗的教訓，王雲五在商務總館復業階段沒有使用「科學管理法」的名義，而是在暗中施行「科學管理」之實，正如他後來表白的那樣，「我的科學管理法，畢竟已經悄悄地實施了」。復業後的幾年改革，沒有引發「工潮」，甚至公開的抵制也極少發生。王雲五將這種「風平浪靜」的現象解釋為「科學管理」使職工生活得到改善，「一‧二八」之後職工體諒館方的難處，勞資糾紛遂自行消亡：

商務自從發生勞資糾紛以來，雖繼續發生不已，唯在此間卻沒有任何勞資糾紛。其所以致此，則因工作標準以及待遇賞罰都能由公司為自動與適當的措置，而同人心理亦因日人所予重大打擊而轉變。彼此精誠合作，故形成彼此兩利的局勢[19]。

商務的勞資糾紛從波瀾迭起到風平浪靜，其中原因，王雲五的解釋未必正確，至少是很不全面的。就工資待遇而言，商務印書館職工的收入長期以來一直高於其它書局或印刷廠的同行，20 年代中期的

19　王雲五：《岫廬八十自述》，頁 227。

商務職工運動卻在同業中表現最為激烈，在上海職工運動中也頗有影響。而且，商務資方每次都用改善職工待遇的方法來應付罷工鬥爭，但「工潮」仍時時掀起。由此可見，略為提高待遇並不能完全「消弭工潮」。要說推行「科學管理法」、賞罰措施分明而消弭勞資糾紛，那麼同樣的「科學管理法」為何在 1930 年推行受阻，遭到全體職工的一致反對呢？可見，從 1932 年 8 月商務復業到 1937 年 7 月全面抗戰爆發，王雲五得以順利實施他的「科學管理法」，是另有原因的。

表層的原因是粥少僧多，崗位競爭激烈。商務總館得到返聘的舊職工只占原職工人數三分之一，他們要保住飯碗，養家活口，默默地忍受著超強度的勞動。但這不是主要原因。商務勞工運動由高潮趨於低谷乃至波瀾不興，與社會環境和政治形勢是息息相關的。1927 年「四一二」政變後，上海的工人運動受到國民黨當局嚴厲鎮壓，商務的工會、職工會被迫改組，其負責人和骨幹中激進分子大為減少，共產黨員和工運積極分子紛紛離開商務印書館。「一‧二八」事變後，商務總館返聘原職工時，把「惰性」作為重要標準，從而把那些敢於鬥爭的職工基本排除在外。而且，館方在復業後不許職工組建工會、職工會，使職工運動失去了載體。另一方面，勞工運動與國內政治運動的大方嚮往往是一致的，並且隸屬於政治運動。大革命前後，國內階級矛盾空前尖銳，工運與農運一樣，如火如荼，形成燎原之勢。然而，在當局的嚴厲鎮壓與分化瓦解下，工農運動漸漸趨向低落。此後，由於日本帝國主義加快侵華步驟，中日民族矛盾日益尖銳，抗日救亡運動日趨高漲。王雲五借廠房、設備毀於侵略者之手的當口，不失時機地提出「為國難而犧牲，為文化而奮鬥」的口號，將振興商務

事業的管理改革與發揚愛國精神、發展民族文化事業聯繫在一起。在這種氛圍下，勞資雙方在共赴國難這點上有一致性，在生產上也產生了「彼此合作精神」。商務印書館在渡過復業階段難關後，業務蒸蒸日上，這與全體職工以國家民族利益為重，識大體、顧大局、埋頭苦幹是息息相關的。王雲五在商務復業之後的改革過程中，他個人的權力越來越大，幾乎到了無所不管、無事不問的地步。商務總館復業一週年之際，他在總館發表演講，頗為得意地對大權獨攬作了如下的表白：

試以我個人而論，似乎也兼了「一.二八」以前六七個人的事。我的主要職務為總經理，但同時兼任了從前的編譯所所長和印刷所所長，同時還兼半個出版科科長。近來編印教科書，我簡直還兼從前的國文部部長。又從前編譯所的秘書和印刷所的秘書或書記，現在也可以說由我自己兼任。甚至有時還兼校對或計算員的工作[20]。

王雲五向來視讀書與工作為人生兩大樂事，儘量把應酬減少到最低限度。復業後，他把更多的精力投入工作，幾乎顧不上讀書了。他在商務復業一週年紀念會上說：

「一.二八」以後，我把讀書的時間多犧牲一點，於是別人以每日八小時工作為最高度的，我便可以十五六小時來工作，結果無異於兩個無能力的人一體工作，總勝於一個稍有能力的人。只要把全副精力應付一件事，總會有所成就的。

王雲五像開足馬力的機器一般運轉，而機器在他「科學管理法」

20　王雲五：《岫廬八十自述》，頁 216。

的驅動下也日夜運轉不停息。過去機器一天開動 8 小時，現在一天 24 小時不停頓地運轉，這就是王雲五所說的「一部機器等於三部機器」。他還不滿足於此，通過流水作業緊密銜接各生產環節後，使「一部機器等於四部機器」。這是「盡物力」。同時他要求工人做到「盡人力」，過去做常日班，現在三班倒，過去三四個人操作一臺機器，現在規定兩個人操作一臺機器。他還實行按件計值制度，「獎勤罰懶」，促使工人竭盡全力地幹活。

商務總館在復業階段，沒有追加資本，也沒有發行公司債券，王雲五手中可用於投入生產的資金並不多，但他無所不至地發揮人與物的潛力，大大提高了生產效率，這便是他復興商務事業的訣竅所在。自 1932 年 10 月商務印書館在上海開辦幾家工廠起，排印能力回升更快，截至 1933 年年底，「所有被毀重版的書籍多至三千餘種，而劫後新出版者不下一千四百冊，而就印刷一項而論，商務印書館現有的機器僅當從前百分之五六十，工人亦不及從前之半，而生產能力卻當從前之二倍半[21]」。商務總館在復業後取得了令世人矚目的成績，這無疑反映出王雲五的改革舉措有一定的合理性。然而，「科學管理法」畢竟不是靈丹妙藥，它能夠較充分地發掘企業潛力，但上海一地的潛力還是有限度的。復業後，商務上海館廠所用職工人數僅及「一‧二八」劫災之前的三分之一，總廠的機器設備大多被燒壞，尚可整修使用的機器寥寥無幾。儘管商務印書館在上海另行開辦了三家工廠，但規模都不大，生產能力遠遠不及被毀的總廠，因而北平、香港兩家分廠在復業階段仍起了不小的作用。各廠盡力使用機器以增加產量，

21　王雲五：〈兩年中的苦鬥〉，載《東方雜誌》第 31 卷第 1 號。

同時採用成本核算，盡可能降低原料、房租等項開銷，減少棧房，加快產品流通，節約管理費用。諸種措施多管齊下，在發揮潛力方面基本已經到了無以復加的地步。

單純依靠發揮生產潛力，是不可能抵償日機轟炸所造成的全部損失的。彌補生產能力不足，還有兩種方法可供選擇，一是購置大批新式機器，恢復原總廠的生產規模，同時提高排印技術水準。倘若使用這一脫胎換骨的方法，可望推動我國現代印刷技術的發展，但需要投入大量資金；二是將大量排印業務外包給其它印刷廠，以及由商務原工頭經營的小廠、作坊，這樣做，就不必添購新的機器設備，還可以大幅度壓減工人。王雲五權衡再三，決定採用第二種方法，即上海總館不再大力發展印刷業，用承包的方式解決本館生產能力不足的問題。促使王雲五作此選擇的動因，一是經營理念方面的，他在出訪考察中得知，歐美國家的出版機構不兼搞印刷業，商務印書館借鑒西方發達國家的出版經驗，工作重點應該轉向出版業；另一個是操作層面上的考慮，那就是避免人力與物力的閒置浪費。印刷廠業務有淡季、旺季之分，通常趕印春、秋兩季教科書時業務較為繁忙，到了淡季則人員空閒，機器不用，而職工工資還得照發。王雲五決定不擴大商務館印刷廠的規模，人員與機器以維持平時業務為限，遇印刷旺季則將印刷業務外包，這一舉措為商務印書館節約了大筆開銷。

商務印書館在晚清創辦之初，是一家小型的印刷廠，兼搞工具書之類的出版業務。自從兼併了日商印刷廠，得到日本的技術與設備後，其印刷業務便居於國內領先地位。張元濟進館開設編譯所以後，出版與印刷並重，這種局面歷經高夢旦、王雲五兩任編譯所所長，商

務印書館的印刷技術與出版事業一樣，在國內居於首位。通過出售機器設備、人才流動，商務的印刷技術傳到其它書局和印刷廠，為我國印刷業的發展做出了貢獻。1932 年 8 月商務總館復業之日起，王雲五堅持以發展出版業為主，放棄了繼續發展印刷業的機會，而且降低了書籍印刷品質的要求——片面追求出書速度快、節約印刷費用，將大量印刷業務承包給技術水準較低的小型印刷廠，乃至印刷作坊。王雲五的這一決策，使中華書局和正中書局得以乘隙追趕，在書籍的紙張品質和印刷精美方面一度領先。王雲五對此耿耿於懷，但又不願檢討自己的決策是否存在問題，他於 1937 年撰文，不無醋意地諷刺這兩家出版單位，並為自己美言辯解：

當前的一大難題，就是由於紙張的驟漲奇漲。一個出版家，除受有政府或財閥的扶植之外，必須先能自立，才能對於社會有所貢獻。過去幾年間新出版物的增加很迅速，除種種理由外，也因為最大的出版家能夠整飭工作，節約成本，一方面可以自立，他方面才能出其餘力，多印有用的書[22]。

上段引文中，「受有政府或財閥的扶植」的出版家，暗指中華書局和正中書局等出版單位[23]，「最大的出版家」當然是指商務印書館和王雲五本人。他強調商務印書館完全依靠自身實力進行競爭，多出好書，是「對於文化界的貢獻」，暗示其限於財力而不得不放棄在出

---

22 王雲五：〈十年來中國出版界〉，見中國文化建設協會編印：《十年來的中國》，1937 年。

23 中華書局因為有孔祥熙兼任董事（後來任董事長）的關係，從 1935 年起，承接了為中央銀行印鈔的任務，這自然是獲利頗豐的。「財閥」云云，顯然與孔祥熙不無關係。此外，中華書局在 1935 年還出版過由國民黨「軍事委員會委員長南昌行營」編纂的「各省保安團隊及壯丁訓練課本」，全套凡二三十種，當年至少印了兩版。這種依附於政府行為的出版物，發行數量無疑是很可觀的。能接到這樣的出版專業，等於是獲得當局的一筆經濟資助。所謂政府的「扶植」，大概指此類事而言。

版物外觀方面的競爭。

　　時至今日，我們再回過頭來審視王雲五的這一決策，究竟是利大還是弊大呢？從商務過去已經在國內的印刷行業佔據了領先的地位來看，因一時的資金短缺而放棄在這個領域的發展，似乎可以說王雲五短視，只抓了短期的效益而丟掉了本可有所作為的陣地，說嚴重一點，我國印刷業的發展速度和水準也因此受了不小的影響。發展印刷業需要不小的資金投入，王雲五是個經營者，他必須考慮資金的投入之後有沒有回報、要多長時間才能有回報。而且這又不僅僅是一個經營問題，還必須有適合業務發展的外部環境，預定的盈利計劃才有可能實現。那麼當時的外部環境如何呢？一般都把 1927─1937 年這 10 年看作是中國資產階級的「黃金時代」，然而在商務復業的 1932 年及其以後，中國民族資本企業的發展勢頭已經開始放慢，就在 1933 年，僅上海一地就有 214 家民族資本企業倒閉[24]。由於前幾年工商業的發展，累積了諸多的矛盾，勞資關係也越來越緊張，資方在勞方壓力下被迫讓步的結果是生產成本的提高，這在經營上來說，又是企業發展的不利因素之一。從社會狀況來看，國內的革命勢力日益壯大，「贛水那邊紅一角」，國民黨軍隊的「圍剿」接連失敗，正在加緊調兵遣將準備更大的軍事行動，1933 年初開始的對中央紅色根據地的第四次「圍剿」，動用的兵力達三十多個師。日本帝國主義則對我國虎視眈眈，步步緊逼。在這種局勢動盪的情況下，將較多的資金投入到業務來源缺乏長期保證的印刷業，顯然是不明智的決策。我們可以設想一下，假如王雲五在 1932 年商務復業時，仍把印刷作為一項主

24　劉惠吾主編：《上海近代史》下冊（上海市：華東師範大學出版社，1987 年），頁 555。

業來投資建設，五年之後，上海再一次陷於戰火，商務將會遭受怎樣的損失呢？

制訂出版新計劃，多出書，出好書，盈利豐厚，兼顧社會效益。商務三年推出新書 12024 冊，占同期全國新書出版數 48%。

總館復業後的業務雖有起色，但商務印書館 1932 年的營業額僅及往年同期的三分之一，元氣尚未恢復。時局驟變，也是商務印書館未能在短期內振興的重要原因。「一·二八」事變後，日本加緊了對我國的侵略步伐，使商務印書館在各地分支館的營業受到直接或間接的影響，處境都很艱難，營業狀況不如以往。在東北，吉林、黑龍江兩支館無法維持，被迫裁撤，瀋陽分館勉力支撐，營業額不及從前的十分之二。其它地區情況也不妙。常德、貴陽、新加坡三分館及大同、運城等支館因嚴重虧損而關閉，尚存的各分館售書量普遍下跌。

王雲五既然在復業時確定了以出版為主、印刷業務為輔的基本方針，那麼，多出書，快出書，出有銷路的書，是商務印書館逐步擺脫困境的關鍵所在。王雲五制訂了較為周詳的編輯出版計劃，既要盡快盈利，維持局面，又要不降低商務的學術出版地位。無論稱他為出版家也好，還是叫他出版商也好，王雲五在主持商務出版事業期間，其職業操守還是值得肯定的。無論是誰，主持一家自負盈虧的民營出版企業，必須把盈利放在十分重要的位置，王雲五當然也不例外。但是，他在主持商務印書館出版大政期間，從不為盈利而放棄出版家的基本職業道德，即使商務印書館瀕臨危難極點，他仍堅持不出版黃色無聊的讀物來迎合市井庸俗口味，也不走上層門路（他在這方面的關

係並不缺乏），把商務的「金字招牌」拿出去做交易，以換取當局的「扶植」。他急需為商務賺大錢，但又必須「取之有道」，嗟來之食當然不吃，下三爛的玩意兒也不碰。從這一點來說，他對商務還是負責的。

王雲五在編輯出版方面的「復興計劃」（1932 年 8 月至 1933 年底），大致有以下幾個方面：

首先，重新排印被毀的商務版舊書。由於總館廠和東方圖書館毀於戰火，商務印書館所藏歷年出版書籍的鉛版、紙型大都化為灰燼，倖存的鉛版不及十分之一，重版商務過去的出版物，是總館在復業階段必須做的重要工作。商務印書館自創業到 1931 年底共出版新書 8000 餘種。1932 年 8 月復業後，陸續再版商務過去出版的書籍達 7000 餘種。剩下未予再版的，都是因內容過時而沒有必要再重印的東西。

再版舊書不必投入多少編輯力量，王雲五把編輯力量集中用於編輯新書。這是他第二步「復興計劃」，也是全部計劃的重點所在。他在復業 3 個月後，即 1932 年 11 月 1 日，便宣佈商務印書館將「日出一書」，即平均每天推出新書 1 種。出版新書的第一條措施，便是編印中小學新版教科書，這是最有效的盈利辦法。1932 年，出版業同行紛紛編輯新版教科書，以適應教育部頒佈的新課程計劃。商務館因停業半年，編寫新版教科書的起步相應晚了半年。教科書是商務的品牌產品，也是商務贏利的看家品種，這方面的優勢絕不容失去！王雲五決定急起直追，集中經驗豐富的精幹編輯隊伍，採用有效辦法，加

快編寫教材的速度。他的方法是：不另砌爐灶編寫全新的教材，而是儘量保存商務原編教材適用部分，略作修改，再根據教育部檔的要求作增刪潤色；每一種教材的初稿完成後，由同專業的編輯提批評意見，再修改成正稿，最後由王雲五親自審定。1933 年秋季開學之前，商務印書館按新課程標準，編寫出版了《復興中小學教科書》以及配套的教學參考書共 300 多冊，適用於全國各地實施新課程標準的中小學。僅花了半年多的時間，編印了新版教科書，可謂神速。商務版新編教材被各地中小學廣泛採用，非但緩解了商務印書館復業階段的經濟困難，而且以後接連幾年重版，使商務印書館的經濟有了一項穩定的收入來源。

第二條措施還是瞄準學生的，即編寫小學生和幼童的課外讀物，將各種知識分門別類，用淺近生動的語言，以切合少年兒童的閱讀興趣。在王雲五統籌安排下，商務印書館編輯出版《小學生文庫》500 冊、《幼童文庫》第一集 200 冊。全套購買者為數不少，訂戶主要是各地小學、圖書館和公私團體。其時，全國有小學 32 萬所，小學生 1800 餘萬，公私圖書館 2935 所。少兒健康讀物的銷路是有保障的。個人全套購買者固然不多，但分冊購買者為數相當可觀。那時，內容健康而知識含量高的小學生課外讀物極為稀少，這兩套少兒讀物的出版，堪稱這一讀書領域內的創舉，對於滿足小學生求知渴望、開發少兒早期智力、正確引導其為人處世等方面，總體而言是有所裨益的，商務同人李伯嘉對此舉的評價是：「為全國兒童增進自動讀書的機會，而為自動教育之宣導。25」

25 李伯嘉：〈十年來之中國出版事業〉，載《大夏》第 1 卷第 5 號。

第三條措施則是王雲五的拿手好戲——編纂各類叢書，以繁榮學術與普及高尚文化為兩大宗旨。例如，續編《萬有文庫》第一集最後一期。《萬有文庫》第一集前四期出版於「一‧二八」之役以前，商務復業後重新印行。第五期計劃出書 400 冊，書稿早已徵集齊備，可惜大多毀於戰火，於是只得再次徵稿或請專家另行編寫，費了不少周折，終於在 1933 年底如約出齊。《大學叢書》的編寫工作開始列入計劃，請各學科著名專家撰稿。《大學叢書》的編寫出版，填寫了我國大學沒有中文教材的空白，意義非同一般。有關內容在下一節敘述，於此不贅。其它叢書，如《叢書集成》、《自然科學小叢書》、《國學基本叢書》二集、《漢譯世界名著》二集、《現代問題叢書》初集等，或暢銷，或學術含量較高，在再樹商務形象的同時，也為商務增加了可觀的利潤。

最後一條措施是商務印書館的「傳統」專案，即影印古書，重點放在影印善本、孤本。一般而言，這項工作難度不很大，還有些盈利，但也有明知虧損而為之的例子，目的在於保存文獻，弘揚國粹。商務印書館與故宮博物院訂約，影印孤本《宛委別藏》；與北平圖書館訂約，拍攝該館所藏的善本；與中央圖書館籌備處訂約，為影印《四庫全書珍本》進行準備工作。這些事都是要在經濟上作前期投入的，而且都在商務復業階段開始著手進行。當然，這裏還不能不看到的是，由於商務歷來影印大套古籍，其印刷生產能力中有一部分就是影印，王雲五不在這方面找出版項目，他的印刷廠就會吃不飽，同樣會虧損。所以，有時他搞一些不一定賺大錢的影印書，從商務業務的全域來看，還是有利的。

此外，《東方雜誌》、《教育雜誌》、《英語周刊》、《兒童世界》、《兒童畫報》等刊物的復刊，重整商務的「門面」，也是王雲五實施「復興計劃」的一個組成部分。美中不足的是，《小說月報》、《婦女雜誌》等廣有影響的刊物，限於編輯力量，未予復刊（《婦女雜誌》改名為「婦女欄」，作為《東方雜誌》的一個欄目）。

到 1933 年底為止，商務印書館的編輯出版能力得到恢復，此後的編輯出版業務進入良性發展階段，出書量進入商務有史以來的最高峰時期。1934—1936 年，商務印書館出版新書 12024 種，而 1929—1931 年僅出版新書 2984 種，復興計劃實施明顯見效後的 3 年出書量，是「一·二八」劫難之前 3 年出書量的 4 倍。這是商務印書館出版新書數量的縱向比較。橫向比較，即與國內其它書局出書總數作比較，更顯出商務印書館在三十年代中期一騎絕塵的雄姿。據王雲五在《苦鬥與復興》一文中所列資料，茲列簡表作一比較：

年份	國內新出版物（種）	商務新出版物（種）	商務所佔比例
1934	6197	2793	45%
1935	9223	4293	46%
1936	9438	4938	52%

這 3 年中，商務印書館推出新書的種數，約占全國新書出版量的一半，在 1936 年則超出半數。同一時期與另兩家大出版企業作比較，商務的出書量也是遙遙領先的。1934—1936 年 3 年中，中華書局出版的新書分別為 482 種、1068 種、1548 種，世界書局出版的新書分別為 511 種、391 種、231 種[26]。這兩家出版社推出的新書儘管不

26 1937 年 5 月王雲五應中華文化協會邀請作「十年來的中國出版事業」演講。

少，與商務印書館相比，差距還是很明顯的。

由於圖書出版種類多、數量大，銷售情況良好，商務印書館盈利頗豐。商務董事會將部分盈利劃作累積資金，到 1937 年 4 月商務股本又恢復到 500 萬元；部分盈利撥作購書款項，自 1932 年「一‧二八」之役到 1937 年全面抗戰爆發之前，商務印書館陸續購書 30 萬餘冊。其餘盈利則分配給股東及用於提高職工待遇。

從社會效益和經濟效益來看，王雲五的出版「復興計劃」是成功的。獲得這樣的出版業績，推敲起來有以下幾點原因。其一，充分利用商務已經擁有的出版資源，以大批重版書作支撐，把改編教科書作為「復興」的重點措施，所以能在短期內，用相對較少的投入，獲得比較多的產出。其二，是有效地發揮了商務在編輯力量方面的長處，堅持在過去已經熟悉的領域內出書，避免了急於開拓新領域的盲目投入和風險。其三，盡可能發掘商務這塊「金字招牌」的潛在效益，使之轉化為現實的利潤。教科書是商務的品牌，但過去只限於中小學，王雲五的「復興計劃」進一步將其向上推進到大學，出《大學叢書》；向下延伸到小學生課外讀物和學齡前的幼兒讀物，出《小學生文庫》和《幼童文庫》，不僅用了商務的招牌，還繼續為這塊招牌上了一層油彩。前文提到，王雲五沒有因為商務的「復興」需要資金而降格以求，結合以上的一些分析來看，不降格以求是聰明的、明智的。能這樣做倒不是因為王雲五特別高尚，而是在市場經濟規律制約下，一個高明企業家應該採取的明智之舉。

組織編寫《大學叢書》，改變我國高校無中文教材之落後狀況。

刊印《四庫全書》珍本，罕見古籍得以流傳於世。推出《中國文化史叢書》，拓展文化研究新領域。編纂「中式《牛津大字典》」，計劃宏大。

在商務總館復業後的 6 年間，最有創意的出版物當推《大學叢書》。組織編寫《大學叢書》，解決國內大學沒有中文教材可用的問題，是王雲五對高等教育的一個貢獻，並給一些教授、專家提供了機會，使他們能夠將教研成果系統化，著書立說，繁榮學術。

晚清以來，無論是外國教會辦的大學還是中國人辦的國立、私立大學，正式教材都使用外文書籍，雖然有些教授自編講義，但大多係油印件，僅供聽他們課的學生使用。中國大學生幾乎清一色使用外文教材的不正常狀況，一直延續到 20 世紀 30 年代，教育界人士對此深感憂慮。1931 年 4 月，蔡元培作題為「國化教科書問題」的演講，指出文化落伍的國家採用外國教科書是不得已的「過渡辦法」，其弊端是很明顯的，以致各種學理的實例相應也都取之於國外，中國學生「學習時既不免有隔膜惝恍的弊病，將來出而應世，亦不能充分應用，況彼此學制年級既屬參差，教材的數量亦不能強同」[27]。為此，蔡元培大力提倡大學教科書要盡快做到中國化。蔡元培的呼籲引起高教界的普遍重視，王雲五也敏銳地覺察出組織大學教材的編寫必定會產生重大影響，並具有深遠的意義。1931 年 9 月他撰文表明有意組織編寫大學教科書：

國內大學之不能不採用外國文圖書者，自以本國無適當圖書可

---

27 《申報》，1931 年 4 月 27 日。

用，而其弊凡位高等教育者皆能言之。本館見近年日本學術之能獨立，由於廣譯歐美專門著作與鼓勵本國專門著作；竊不自揣，願為前驅，與國內各學術機關各學者合作，從事於高深著作之譯撰，期次第供獻於國人[28]。

在商務印書館慶祝建館 35 週年紀念活動時，王雲五再次提出集合國內專家學者，編譯大學用書及撰寫學術著作，以提高我國學術水準，促進大學教材革新。這一計劃因「一.二八」之役而一度擱置。1932 年 8 月商務總館甫經復業，王雲五便將組織編寫大學用書列入其「復興編輯計劃」。同年 10 月，王雲五給國內知名學者和教授寫信，聘請他們為《大學叢書》委員會委員，並說明編寫《大學叢書》的意義：

敝館所以有《大學叢書》之出版計劃，其理由有二。敝館以為吾國專門學術之不能長足進步，原因雖多，而缺乏本國文之專門著作，實為主因之一。加以近年因金貴關係，學生負擔過重，更無力多購西文參考用書。因是凡在大學肄業者，或以經濟關係而無書可讀，或以文字關係而事倍功半[29]。

這份聘請信函中還附寄了商務印書館印行《大學叢書》的條例及組織《大學叢書》委員會的條例，後者要言不煩地對委員的任務和權利作了明確規定：

一、本委員會由本館聘請國內著名大學校及學術團體代表，協同

28　王雲五1931年9月為《最近三十五年之中國教育》論文集撰寫的導言。
29　王雲五：〈編印《大學叢書》之經過〉。

本館編審委員會代表若干人組織之。

二、本委員會任務如左：

1.擬定《大學叢書》全目；

2.介紹或徵集《大學叢書》稿本；

3.審查《大學叢書》書稿。

三、委員各就專長，分別擔承前條之任務。

四、《大學叢書》出版時，各書均列委員會全體委員姓名，以昭慎重。

五、委員會受本館委託審查書稿時，每稿由本館酌送審查費。

六、《大學叢書》每種初次發行時，由本館贈送全體委員各一冊，以備隨時審核[30]。

為促進《大學叢書》編寫事宜，王雲五懇請蔡元培領銜，以增加召集學界著名專家的權威性。共有 55 人應聘為大學叢書委員會委員，其中有不少專家堪稱國內各學科「一時之選」的權威人士。那時以姓氏繁體字筆劃為序，排列各委員名單如下：

丁燮林・王世杰・王雲五・任鴻雋・朱經農・朱家驊・李四光
李建勳・李書華・李書田・李聖五・李權時・余青松・何炳松
辛樹幟・吳經熊・吳澤霖・周　仁・周昌壽・秉　志・竺可楨
胡　適・胡庶華・姜立夫・翁之龍・翁文灝・馬君武・馬寅初
孫貴定・徐誦明・唐　鉞・郭任遠・陶孟和・陳裕光・曹惠群
張伯苓・梅貽琦・程天放・程演生・馮友蘭・傅斯年・傅運森
鄒　魯・鄭貞文・鄭振鐸・劉秉麟・劉湛恩・黎照寰・蔡元培

30　王雲五：〈編印《大學叢書》之經過〉。

蔣夢麟‧歐元懷‧顏任光‧顏福慶‧羅家倫‧顧頡剛[31]

許多大學和學術團體與商務印書館簽訂了有關《大學叢書》的出版合約，到全面抗戰爆發前，共簽訂合約 40 餘份。王雲五原計劃 5 年內出版《大學叢書》第一期 300 種，除了商務過去所出的書中符合條件而可以歸入叢書的品種外，準備每年推出新書 40 種。實際出版情況為，第一年（1933）出版《大學叢書》80 餘種，至全面抗戰爆發前夕，出版 200 餘種。抗戰期間，商務印書館重心先後移至香港和重慶，出版條件極差，王雲五仍鍥而不捨，堅持出書，平均每年約出《大學叢書》10 餘種。近年編寫的《民國教育史》，對《大學叢書》的出版給予了較好的評價，並論及這套書在海外也有一定的影響：

出版這套叢書，不僅提高了國內學術著作的水準，而且降低了大學生的經濟負擔，因而促進了中國高等教育的發展。值得一提的是，除國內大學樂於採用外，《大學叢書》中還有部分書稿被翻譯成外文，由此奠定了民國時期中國學者自編大學教科書的基礎[32]。

抗戰後期，商務印書館最終停止了《大學叢書》的編輯出版，這是因為部定大學用書編寫事宜由籌備逐漸到實施，取代了商務印書館等出版單位自由印行的大學用書。1939 年教育部設立大學用書編輯委員會之初，對已出版的大學用書加以甄選、審查、修改，權作部定大學用書。自 1942 年起，教育部特約專家編寫的教科書已達到相當數量，於是商務印書館不再編印《大學叢書》。

---

31 這份名單後來略有調整，所以在《大學叢書》正式出版時刊出的名單與此又有所不同。
32 李華興主編：《民國教育史》，491 頁。

影印《四庫全書珍本初集》是王雲五在商務恢復時期出版方面所做的又一件大事。清代乾隆年間編輯的《四庫全書》，共收經史子集圖書三千多種，裝訂為 3.6 萬餘冊，是世所罕見的一部大型百科性叢書。《四庫全書》編成後，沒有刻印，先後謄抄 7 部，分藏南北各地。在晚清戰亂中，分藏於北京圓明園的文源閣本、揚州的文匯閣本、鎮江的文宗閣本全毀，杭州的文瀾閣本則嚴重缺損，完整留存後世的僅瀋陽的文溯閣本、熱河避暑山莊的文津閣本、故宮的文淵閣本3 部。從保存文獻的角度來說，影印《四庫全書》確有必要，商務的幾任首腦也很想把這件大事做下來[33]，但此事屢經提議，都未能順利實現。1919 年金梁向總統徐世昌提議，1924 年商務印書館張元濟、王雲五等提議，1925 年教育部部長章士釗提議，1926 年張學良、楊宇霆等提議，均未能付諸實施，除了人事上的糾葛之外，學術界對《四庫全書》有不同的看法，亦是重要的原因之一。商務在籌印《四庫全書》過程中，曾徵集學界對此事的看法，結果是反對重印的意見占多數。在技術上，《四庫全書》卷帙浩繁，影印費用的投入將會很大，儘管商務對此經過反覆核算，但真的把書印出來，發行上能否實現預定的計劃，還是個未知數。1933 年，蔣復璁奉教育部之命，籌備中央國立圖書館。蔣復璁打算影印《四庫全書》，作為中央圖書館成立的標誌性紀念，但全部影印費用太高，於是轉而考慮部分影印，將「《四庫》未印之書及有宋本的一律影印，預計有八百餘種可印」。蔣復璁與王雲五聯繫，希望商務印書館承辦此事。王雲五經過苦思熟慮，也「認為《四庫》並無全部重印之必要，乃擇其精要而坊間流行較少的予以影印，名為《四庫珍本》」。據蔣復璁在《我所認識的王

---

33 參閱丁英桂：〈商務印書館與四庫全書〉，載《商務印書館九十五年》。

雲五先生》一文所述，王雲五代表商務印書館與中央圖書館籌備處洽談，並訂約，「借用故宮博物院所藏之文淵閣本另印一千部……另選《四庫全書》有關圖繪之經史子集四種，以存原樣，書是由張菊生先生從文淵閣本中選定的，同樣亦印一千部」。雙方議定，選印後各送100 部給中央圖書館[34]。教育部聘請 15 名專家，協助張元濟，確定選印目錄，先期選印圖書 231 種 1960 冊，定名《四庫全書珍本初集》，於 1934 年 1 月預約發售。這是《四庫全書》首次選輯印刷，儘管只是其中一小部分，在當時的文化、出版界仍是一件大事。王雲五沒有直接參與選輯工作，但在商務印書館尚未完全恢復元氣之機，他便決然同意經營這項不一定能盈利的工作，也算得上為文化事業做了一樁善事。他出任臺灣商務印書館董事長後，又組織專家繼續選印《四庫全書》，陸續出了五集。他去世之後，臺灣商務印書館經過努力，終於將文淵閣本《四庫全書》完整地印了出來。商務影印《四庫全書》的夢想，歷經 60 餘年才告完成。

如果說影印《四庫全書》還只是「述而不作」的話，那麼編纂《中國文化史叢書》，可稱得上商務印書館在出版學術著作方面的又一創舉。王雲五在 1936 年秋開始研究這個出版項目。他將歐美、日本學者撰寫的 234 種有關中國文化史的主要著作分類比較，發現其中一般性的通史著作僅 18 種，其餘 216 種都是分科文化史；他又分析外國學者撰寫的世界文化史，分科文化史也占多數，由此得出結論說：「足見分科文化史之著作，視一般文化史為易。至以內容論，一般文化史中，除一、二種堪稱佳構外，大都失之簡略，而分科文化史

---

34 蔣復璁：〈我所認識的王雲五先生〉，載臺灣《傳記文學》第 35 卷第 3 期。

則佳構不在少數，又足見分科文化史之著作，較一般文化史易著成績。[35]」於是他確定以分科的方法來編纂中國文化史，遂擬定專題，聘請專家學者撰寫。1937 年 1 月，王雲五撰寫《編纂中國文化史之研究》一文，闡述文化與文化史的關係、中國文化史料的特點、中外文化史著作的特點，以及編纂中國文化史的設想與方法，並開列了擬組織編寫的《中國文化史叢書》書目 80 種。1937 年 6 月，《中國文化史叢書》開始陸續刊行，其後抗戰軍興，影響了正常的出版，這套叢書只出了 40 種。《中國文化史叢書》反映了當時國內學者在這一領域的最新研究成果，並開創了分專題系統研究中國文化史的先河。這套叢書中的許多專題文化史著作，是該領域內第一本系統的研究專著，有的著作直到現在還沒有被淘汰。

王雲五有一樁未了的出版心願，就是編一部名副其實的大辭典。他主持百科全書的編纂工作流產後，便打算主編權威性的大辭典來補償這一缺憾。1928 年起，他便著手編纂一部「真正的大字典」。這項工作分三個階段進行：第一階段，他和家人、親屬做卡片，注明各漢字來源，並加上四角號碼；第二階段，委託商務印書館各科專家或兼任編輯 10 餘人協助，摘取可靠的注釋；第三階段，以他本人為主，對已收集的資料作增補修訂工作。據王雲五自述，他先後共累積卡片 600 餘萬張，參考的書刊近 2000 種，其中，本國已有的字典、類書 221 種，國外的辭書、百科全書 239 種，一般圖書 1388 種，報紙、雜誌 127 種[36]。然而，要完成「真正大字典」的編輯還遙遙無期，致使他覺得這項工程過於浩大，難以為繼。他以自責的口吻寫道：「皆

---

35 王雲五：〈編纂中國文化史之研究〉，載《東方雜誌》第 34 卷第 7 期。
36 王雲五：《編纂中山大辭典之經過》（1938 年 11 月作於香港）。

由於我對於學術工作之不自量，而以一人之精力資力，妄冀成此龐大之工作。[37]」

王雲五的志向和奮鬥精神確是令人很為感佩的。然而收得 600 餘萬張卡片之說似略微有些誇張。每張卡片以 100 字計，即達 6 億字，他和親友們在短期內摘錄如此多的字數，幾乎是不可能的，因而也容易受到質疑。商務同人鄭貞文曾在憶舊文章中對此頗有微詞，指責王雲五編字典一貫使用他人收集的資料：

當時王在家設地下工廠，編輯王雲五大、小辭典和字彙時，所中各種漢字詞典資料都供他自由取用。陳承澤的《國文法辭典》資料，有一部分給他盜竊了。他還怕《國文法辭典》出版，能夠奪他所編辭典的生意，所以把原稿全部吞沒[38]。

陳承澤曾編寫過《國文法辭典》書稿，每字必分析詞性，考求原義，依次引申及他義，每義皆舉例句說明。陳承澤於 1922 年去世，遺稿存編譯所，由黃士復、張守白兩位編輯審稿，曾發排一部分，但未能出版。陳承澤的未刊遺稿被王雲五用以編輯「真正的大字典」。但是，以「盜竊」兩字評論王雲五編工具書，措辭過於嚴厲。編字典類工具書與學術創作畢竟有所不同，總不免大量借鑒他人已有的成果。借鑒不同於照抄照搬的「盜竊」。成功的工具書在於有自己的特色，而不在於是否參考、借鑒了他人的研究資料，不過，王雲五急功近利，大量使用編譯所資料而不作說明，過分張揚個人努力的成就，這種處事方式不免會引起非議。

---

37 王雲五：《岫廬八十自述》，頁 232。
38 鄭貞文：《我所知道的商務印書館編譯所》。

「真正的大字典」規模過於宏大，而且參加的人員水準參差不齊，耗費又大，王雲五後來被迫中止了這項工作。不久，他把為此而收集的資料又轉用於《中山大辭典》的編輯。其時，中山文化教育館理事長孫科多次偕吳德生、傅秉常、林語堂等去王雲五家，請他主持編輯《中山大辭典》，體例仿照《牛津大字典》，單字與詞彙一一溯其源流。王雲五欣然應諾。1936 年 3 月 20 日，雙方就編輯《中山大辭典》一事訂約，王雲五以個人名義獲中山文化教育館的資助。4月，《中山大辭典》編纂處成立，專任工作人員多達 40 餘人。王雲五計劃收單字 6 萬個，詞彙約 60 萬個，以四角號碼檢索，總字數5000 萬，共 40 冊，分期出版，6 年內完成。編纂處成立的第一年，工作人員在王雲五的指導下，以他的 600 萬條資料為基礎，又從2709 種圖書、刊物中增補了 140 餘萬條資料[39]。《中山大辭典》的正式編纂工作從「一」字條文著手，「因時期迫促，除編纂處同人全部從事於此外，並得商務印書館編審部數人以其餘暇相助，用能於兩月之短期內告成[40]」。6 月，「一」字長編完稿，開始排印，然而，排印甫成三分之一，「八一三」上海戰役爆發，紙版鉛字盡毀，幸底稿尚存，1938 年 2 月交商務印書館香港分廠重新排印，10 月才刊行，共收入條目 5474 條，100 萬字。抗戰時期王雲五先後去長沙、香港、重慶等地搞出版工作，大量資料留在上海，編輯人員大多流散，財力又不足，《中山大辭典》以「一」字始，以「一」字告終，真可謂「從一而終」了。但王雲五一直很自信地認為，「一」字長編「邁越前古」，不比《牛津大字典》差，假如沒有戰事干擾，他是有把握編出「中式《牛津大字典》」的。

39　王雲五：《編纂中山大辭典之經過》（1938 年 11 月作於香港）。
40　王雲五：《岫廬八十自述》，237 頁。

第七章

商務出書又出人

出書避免觸犯忌諱，拒絕《資本論》翻譯計劃。扶植各科優秀學子，出書堅持品質第一，學術為重，商務被稱作「文化界的伯樂」。

　　從晚清到新中國成立之前，商務印書館對我國出版事業做出了多方面的重要貢獻，若以人物論功勞，則有兩個關鍵人物，先後是張元濟和王雲五。張元濟執掌編譯所時期，為商務的出版事業打下了基礎。王雲五則繼承並發展了張元濟開創的商務事業，在開發民智、促進教育、繁榮學術、溝通中西文化、弘揚傳統文化、振興中國近現代文化科技等方面，做了大量工作。但是，商務出版物較少涉及同時代的敏感政治問題，尤其是迴避出版革命色彩鮮明的論著，這無疑是一個缺憾。在改革開放後曾主持過商務工作的陳原，在充分肯定商務印書館多方面成就的同時，婉轉批評了它一度遠離政治，並對此表示惋惜：

　　如今當然可以帶著幾分惋惜責難說，在「國民革命」時期，它（商務印書館）沒有印行孫中山的書，在社會革命時期，它沒有印行馬恩列斯的書，甚至連《魯迅全集》也沒有列入它的出版計劃，等等。這都是歷史事實。這些歷史事實證明這家出版社在特定的社會環境中，有它的歷史局限性。儘管如此，誰也不懷疑，正是這家出版社聯繫了多層次、多傾向、多學科、多學派的知識界人士，這些智者，都是在開發民智、振興中華的遠大目標下支持商務印書館的[1]。

　　陳原的這段論述，大致反映了當時商務印書館的出版宗旨：普及文化，繁榮學術，在政治上盡可能不去觸犯會引起麻煩的問題。這篇

1　陳原：〈商務印書館九十年〉，原載《人民日報》，1987 年 2 月 10 日、1987 年 2 月 11 日，轉引自《陳原出版文集》（北京市：中國書籍出版社，1995 年）。

文章所舉商務印書館在政治上保守的例子，皆在「特定的社會環境中」，從時間上看屬於王雲五掌握商務編審大權時期。另有人援引孫中山的話，說明商務印書館拒不出版革命書籍，以致引起孫中山為首的國民黨人的不滿。1920 年 1 月 29 日孫中山在致海外同胞書中，論及革命黨人有必要自行設立印刷機關，對商務印書館拒印《孫文學說》等書籍頗有微詞：

> 我國印刷機關，惟商務印書館號稱宏大，而其在營業上有壟斷性質，固無論矣……又且壓抑新出版物，凡屬吾黨印刷之件及外界與新思想有關之著作，彼皆拒不代印。即如《孫文學說》一書，曾經其拒絕，不得已自己印刷。

孫中山對商務印書館的批評，在國民黨內產生過一定的影響，此後一直到北伐大革命時期，「國民黨人對商務印書館還印象不佳[2]」。但是，拒印《孫文學說》一書與王雲五沒有關係，因為《孫文學說》完成於 1918 年，孫中山這封信發表於 1920 年 1 月，都在王雲五進編譯所之前。但商務的這一出版方針，王雲五無疑是認同的，在他主持館務期間，除了「五卅」這樣極個別的例外，基本上還是照這個「過去方針」辦的。「國民革命」時期，王雲五同國共合作的國民黨保持距離，這也是不爭的事實。在國民黨仍具有民主革命要求的階段，王雲五不願出版國民黨人鼓吹革命的論著，既是他政治上謹慎的反映，也暴露出他的保守性，這同他討厭商務內部的「工潮」是暗合的。大革命時期國共合作的國民黨傾向於革命，在上海工人運動中有所表現。而在商務印書館代表資方利益的王雲五，對工運一直是反對的。

2　黃季陸：〈為一件歷史事實作證──敬悼王雲五先生〉，載臺灣《傳記文學》第 35 卷第 3 期。

何況，那時南北對峙，誰勝誰負尚難逆料，王雲五不願捲入前途未卜的政治鬥爭，也是可以理解的。

王雲五在這一階段注重學術出版、迴避敏感政治問題的基本態度，在否決郭沫若的一部經典巨著的翻譯計劃中得到典型的反映。郭沫若曾打算花 5 年時間翻譯馬克思的經典著作《資本論》，他向商務印書館提出，譯書期間由館方提供生活費，但這一計劃最終被館方否決，郭沫若對此感到很遺憾：「然而那次的計劃，在商務的編審會上卻沒有通過。譯其它任何名作都可以，《資本論》卻有不便。」郭沫若又認為，就個人經歷而言，翻譯《資本論》的計劃未被通過，其後果未必全是不利的，他寫道：「不過我偶而這樣想：假使當時我是得到了商務的慨諾，那我的精力即使不是全部，也會有一大部分是被困在翻譯上的，我定然是被釘在了上海。一九二六年往廣東以及其後的事情便不會發生。一個人的生活路線，有時可以為外來的偶然契機所左右，確是不能否認的一個小小的真理。[3]」這與其說是郭沫若的人生感悟，不如說是翻譯計劃被否決之後的解嘲之辭。郭沫若還有一部譯作亦被王雲五「腰斬」，不過這回的原因是經費問題，而不是政治因素。1934 年 10 月，郭沫若以「石沱」為筆名，在商務印書館出版譯作《生命之科學》第一冊，次年又出版了第二冊，第三冊則受王雲五阻撓，當時沒能出版。據鄭心南回憶：「此書長達百餘萬字，有圖甚多，每部書價須十餘元，成本大而銷路少，在商務『從來不出虧本書』的生意經情況下，高夢旦仍允以『石沱』的筆名出版。……自1935 年第二冊後，王雲五便不續印，直到解放後，第三冊始用郭沫

3　郭沫若：《郭沫若文集》（七）（北京市：人民出版社，1958 年），頁 196-197，。

若原名出版。[4]」顯然，王雲五「腰斬」《生命之科學》，出發點是商務的經濟利益，而不是對郭沫若的政治形象有所顧忌。「從來不出虧本書」的說法不符合商務出版的實際情況。對於學術價值極高而無政治忌諱的名著，王雲五還是願意出版的，而且還出得不少。但是英國人威爾士所著的《生命之科學》，還稱不上首屈一指的特優名著。虧本而不能為商務樹形象、「撐門面」的書，王雲五是不願意多出版的，這是他出版商的頭腦所決定的。在出版物的名和利的關係問題上，王雲五的出版宗旨是，學術名著打牌子，教材和通俗讀物賺大錢，出版學術名著的虧損由其它出版物的盈利來彌補。

然而，話得說回來，郭沫若與商務的關係還是良好的，他的不少著譯都在商務印書館出版，而且是在王雲五執掌館務的階段，這也是不爭的事實。1925 年，郭沫若的譯作《社會組織和社會革命》（河上肇著）、《新時代》（屠格涅夫著）在商務出版。1926 年，他又在商務出版譯作《塔》（小說戲劇集）、《爭鬥》（戈斯華士著）、《西洋美術史提要》（列為《百科小叢書》第 118 種）。1933 年，他的《行路難》收入《東方文庫》續編。1935 年，他的譯作《日本短篇小說集》列入《萬有文庫》第 548 種。1936 年，他的《先秦天道觀之進展》由商務出版。他的《石鼓文之研究》、《周易的構成時代》分別在1939 年、1940 年由商務出版。郭沫若還在《東方雜誌》上發表了眾多論文、譯文和文學作品。由此可見，王雲五並不絕對因作者的政治表現而決定書稿的取捨，關鍵是書稿本身的品質以及它們是否符合商務的出書方針（例如商務曾在 1924 年、1926 年兩次出版李守常即李

4　鄭心南的回憶，參閱潔甫：〈郭沫若與商務印書館〉，見《商務印書館九十五年》。

大釗的《史學要論》，其時李大釗已是很著名的政治活動家）。在1927年初蔣介石公開背叛革命之前，郭沫若便撰文揭露其鎮壓工運、迫害革命人物的真相和反革命本質，從此郭沫若便與蔣介石、國民黨分道揚鑣。在此之後，他的許多著譯仍由商務印書館出版。由於郭沫若在學術界的聲望，王雲五還是很願意出版他的作品的。1929年2月創造社被查封，郭沫若遭當局通緝，一度只能化名賣文為生。王雲五仍然沒有阻止他的學術文化著譯在商務出版，只是有時用筆名發表，不敢用「郭沫若」的本名。這在當局文化專制政策下，也是不得已而為之的辦法。郭沫若曾表示，他對商務印書館「應該感謝」。

魯迅與商務印書館也有悠久的關係。1913年4月，他的第一部小說《懷舊》在商務印書館辦的《小說月報》上發表。此後，魯迅與商務印書館的著譯關係一直保持到他逝世前夕。他在商務出版和發表的作品，大多是在1921年王雲五執掌編譯所以後。1922年5月商務出版的《工人綏惠略夫》，是魯迅翻譯的第一部小說，列為《文學研究叢書》之一種。同年7月商務出版魯迅的譯作《一個青年的夢》，並把他的9篇譯作收入《愛羅先珂童話集》，這兩部譯作均列入《文學研究叢書》。《阿Q正傳》的第一個國內外文譯本 The True Story of An Q（梁杜乾譯）也是在商務出版的。魯迅撰寫的短篇小說《白光》、《端午節》、《鴨的喜劇》、《社戲》、《祝福》、《幸福的家庭》、《在酒樓上》等，分別發表在商務印書館辦的《小說月報》、《東方雜誌》和《婦女雜誌》上，後來大多收入《吶喊》和《彷徨》。在20年代，魯迅單獨翻譯或與周作人合譯的作品，有多種在商務出版。30年代初，魯迅翻譯的《藥用植物》，分兩期刊登在商務的《自然界》

雜誌上。魯迅在商務出版或發表的大多是文學著譯，誠如陳江撰文所言：「商務的編輯沈雁冰、鄭振鐸和胡愈之等同志與魯迅書信往返，聯繫密切，他們向魯迅約稿，也互相商討問題，共同為新文學的發展做出了貢獻。」魯迅作為「五四」新文化的先鋒、中國文化革命的主將，他的眾多文學作品通過商務印書館出版、發表，王雲五非但是同意的，而且是歡迎的。但是，魯迅的雜文通常不經由商務刊物發表。魯迅的雜文或尖銳諷刺當局的所作所為，或猛烈抨擊文壇的不良風氣，或徹底掃蕩舊傳統舊觀念，火藥味濃烈，現實的針對性很強。這與王雲五的出版宗旨不相吻合。商務的刊物，在王雲五主持編譯所以前，曾因觀念落伍遭到抨擊，此後又在性問題討論中引起麻煩。為此，王雲五兩度大力整頓館辦刊物。王雲五視館辦刊物為商務印書館的「門面」，力求辦得有學術性、有新觀念，同時儘量避免激烈的論戰。魯迅戰鬥性很強的雜文，王雲五是不敢貿然接受的。

蔡元培的許多著譯也是在商務印書館出版的。蔡元培是學界領袖，又是王雲五的前輩與知交。王雲五早年得到他的提攜才得以進教育部任職，到商務印書館以後又通過他的號召力廣泛聯繫各學科知名學者。對於蔡元培的論著，王雲五當然是照發不誤的。繼兩本倫理學譯著在商務出版後，1910 年蔡元培又在商務出版《中國倫理學史》，這是國內倫理學領域開拓性的專著。蔡元培編寫的《哲學大綱》、《石頭記索隱》以及若干譯作也在商務出版。王雲五任編譯所所長後，蔡元培在商務出版《簡易哲學綱要》（1924）。自辛亥革命至 1939 年蔡元培去世，他在商務的《東方雜誌》、《教育雜誌》、《小說月報》等

<hr>

5　陳江：〈魯迅與商務印書館——魯迅在商務印書館出版的著譯〉，見《商務印書館九十年》。

刊物上發表文章 40 餘篇。

對於學界權威、文壇名家的作品，王雲五自然求之唯恐不得，這是為商務打牌子的。對於初出茅廬的年輕學子的作品，王雲五則定下一條寬嚴相濟的規矩：仔細審閱新作者的第一次來稿，慎重決定取捨，文稿確有水準者，以後的來稿優先錄用。正如管歐述評的那樣：王雲五對於作者「第一次出書，須先審閱原稿的內容再決定印行與否，看了第一次的書稿，心目中已有了評價，所以對第二次的書稿即表示同意發行。『觀人於始』，坦誠待人，並予青年學子以寫作上的鼓勵[6]」。商務印書館被時人稱為「文化界的伯樂」。一些默默無聞的學人士子，其作品經由商務出版或發表，往往有「一登龍門，身價十倍」的感覺。有些年輕的文學愛好者從此以文學創作為己任，成為著名的文學家。老舍的成名，就與商務印書館直接相關。舒乙在《老舍與商務印書館》一文中作了如下的敘述：

商務印書館對老舍先生來說，非同小可，是塊絕對重要的陣地，他的頭四部長篇小說——《老張的哲學》、《趙子曰》、《二馬》、《小坡的生日》——全是發表在《小說月報》上的，而後，頭三部還由商務出了單行本，作為《文學研究會叢書》的一部分[7]。

《老張的哲學》於 1926 年發表在《小說月報》，第 17 卷，第 7 期至第 11 期上，奠定了老舍在國內文壇的地位。這部小說從倫敦寄到上海，經由許地山介紹，交到《小說月報》主編鄭振鐸手中。其實許地山的推介，對老舍小說的首次發表未必起到關鍵的作用。王雲

6　管歐：〈我所敬佩的王岫廬先生〉，載王壽南主編：《我所認識的王雲五先生》。
7　舒乙：〈老舍和商務印書館〉，見《商務印書館九十年》。

五一再對編譯人員強調：新人新作，首重品質。蔡元培那時經常受人之託，寫信給王雲五推薦新人新作。王雲五認為，蔡元培對他人的請求不便拒絕，時常推薦是出於人情面子關係，審稿時仍應以品質為取捨標準。所以，經蔡元培等名人介紹來的新人新作未必被商務的編輯看好。「發現」老舍的編輯是鄭振鐸，他本人就是文史方面的專家，對文稿的鑒別力極強，他很欣賞老舍的文筆。同時，王雲五至少有「認可之功」。王雲五對館辦重要刊物的每期樣稿都親自審閱，像《老張的哲學》這樣的長篇連載，其優長處不經過王雲五的認可，是不可能刊載於《小說月報》的。《老張的哲學》發表後，激發起老舍繼續創作的動力，他的京味白話文小說接連問世，在中國文壇獨樹一幟。

曾在商務印書館當過編輯的葉聖陶在《我和商務印書館》一文中提到，北伐大革命之後的兩年裏，「《小說月報》上出現了許多有新意的作品，最惹人注意的是茅盾、巴金和丁玲。當時大家不知道茅盾就是沈雁冰兄」。葉聖陶在這篇憶舊文章中還以更寬廣的視野回顧了商務印書館「相容並包」的出版方針，及其出版物的廣泛社會影響：

商務不但給文學研究會這樣的新文學團體提供了出版的方便，對於許多學術團體的專著或叢書都相容並包，廣為流通。我國最早的兩個科學團體——留美學者的中國科學社和留日學者的中華學藝社，都有中堅人物在商務編譯所參加工作，都有刊物或叢書由商務出版發行。……從出版的書籍和雜誌來說，古今中外、文史政哲、理工醫農、音體藝美，無所不包，有極其專門的，也有非常通俗的，不管男女老幼，不管哪行哪業，都可以從商務找到自己需要的、喜愛的書

刊[8]。

　　哲學家馮友蘭把商務印書館稱之為他的「老夥伴」。1923 年，馮友蘭剛從美國回來，還是一個沒有什麼名氣的歸國留學生，商務印書館就接受了他在哥倫比亞大學撰寫的博士論文 A Compartive Study of Life Ideal（中文書名為《人生理想之比較研究》），1924 年出版。不久，馮友蘭接受商務印書館的建議，將此英文著作改寫為中文本，列入商務出版的教科書《人生哲學》。他的兩卷本《中國哲學史》亦由商務印書館於 1934 年 8 月出版。據馮友蘭回憶，他每次赴上海，總要到商務印書館去，接待他次數最多的是李伯嘉，他倆在中國公學時是同學，有時王雲五也接待他，但沒有見到過張元濟[9]。這是因為張元濟其時已不負責具體館務，平時精力主要用於古籍的搜集與整理。抗戰時期，王雲五去重慶，馮友蘭與商務印書館打交道便直接找王雲五。據馮友蘭回憶，抗戰時期他寫了 6 本書，稱為「貞元六書」，其中《新理學》、《新原道》、《新知言》、《新事論》、《新原人》由商務印書館出版，《新世訓》因在開明書局辦的雜誌上連載過，就由開明出版。馮友蘭懷著感激的心情回顧道：「在抗戰的條件下，印刷發行都是很困難的，但商務印書館對我的稿子總是隨到，隨印，隨發行，與平時無異。[10]」

　　語言學家王力的不少論著也由商務印書館出版。他在 1981 年 12 月寫就《我和商務印書館》一文，其中有他謙稱為「俚詩」的詩一首，作為對商務印書館成立 85 週年的祝賀：

8　葉聖陶：〈我和商務印書館〉，見《商務印書館九十年》。
9　馮友蘭：〈商務印書館和我是老夥伴──商務印書館創立九十周年賀辭〉，見《商務印書館九十年》。
10　馮友蘭：〈商務印書館和我是老夥伴──商務印書館創立九十周年賀辭〉，見《商務印書館九十年》。

翰墨因緣五十年，名山事業賴君宣。

印書豈但為商務，製版還看覆古編。

歇浦樓高百城擁，洛陽紙貴九州傳。

俚詩祝嘏將宏願，永把斯文播大千[11]！

「翰墨因緣五十年」，指的是商務出版他的學術專著大約在 50 年之前。其時，王力在清華大學開設「中國音韻學概要」，將該課程講義整理後，交商務印書館出版，編入《大學叢書》。王力在語言學領域發表的第一篇論文《中國文法學初探》，在日本出了日文譯本，他拿了日文譯本，附上另一篇論文，交給商務印書館，以單行本出版了。他說：「這時候，商務對我已經非常信任了。」從此，興趣廣泛的王力將分散的精力集中於語言學的研究，1937 年他的《中國語文概論》交商務出版，1938 年他的《漢字改革》交商務印書館駐港辦事處出版（其時王雲五駐港，統理商務在抗戰後方的出版事宜）。商務印書館重心自 1941 年年底遷渝後，據王力回憶，他「又寫了《中國現代語法》和《中國語法理論》兩本書。原來作為西南聯大的講義時，只是一部書。這還要感謝聞一多先生，是他建議我分成兩部書的，一部講法，一部講理。這兩本書又交商務出版了」。新中國成立後，已成為語言學權威的王力又有多本專著在北京商務印書館出版。王力感受深切地說道：「想起我和商務的這些歷史因緣，心裏很激動，不光是對我個人的成長，更主要的是在發展中華民族的科學文化上，商務印書館有過重要的貢獻。[12]」

11　王力：〈我和商務印書館〉，見《商務印書館九十年》。

12　王力：〈我和商務印書館〉，見《商務印書館九十年》。

商務印書館出版的書非但內容好，而且在「一・二八」劫難之前一直很重視印刷精美和圖案生動。除了館內聘用一批工藝美術專家外，王雲五還請館外美術大師為商務出品配畫。名揚海內外的畫家劉海粟，平時不願參與編書事宜，但很樂意為商務印書館編寫教科書。1924 年 1 月，他發表專文談及此事經過：「新學制頒佈以後，商務印書館編著各種新的教科書。王雲五、朱經農兩先生再三的命我作圖畫教科書。我素來不願意編書，而且近來事多，這次卻很喜歡做這部教科書。[13]」

初出茅廬的青年學子希望通過在商務印書館出版作品提高知名度，已經成名的專家學者把商務印書館視為最有價值的「學術出版陣地」。數以千百計的學人士子在商務出版著譯，在商務館辦刊物上發表文章，播揚學術成果，商務成為各方面知識分子彙集的中心。王雲五堅持品質第一、學術為重，接納各領域各學派的著作，他為繁榮學術研究、促進科技發展、普及文化成果所做的貢獻，在當時受到世人普遍好評，其久長的影響，將與文化學術界的名人名著一樣，具有深遠的歷史穿透力。

招募編輯，唯才是用，商務出書又出人。商務曾是各學科知識分子的彙集之地，極一時人才之盛，堪稱沒有圍牆的研究院。

對於商務印書館內部而言，也是出好書又出人才。這一傳統從張元濟主持編譯所到王雲五統領館務是一脈相承的。編輯人員在商務印書館得以提高業務與學識，一來得益於商務藏書豐富，二來得益於良

13　劉海粟：〈為商務印書館做圖畫教科書述意〉，載《藝術週報》第 36 期。

好的工作氣氛，主持者的知人善任則是第三重因素。

　　張元濟曾主持編纂教科書、《辭源》，主持刊印《百衲本二十四史》。為了使編輯人員有可靠的參考資料，確保出書品質，館方投入大筆資金，張元濟本人廣泛搜集古籍善本、中外名著，營建起圖書寶庫涵芬樓。王雲五任編譯所所長後，與張元濟共同努力，擴大圖書收購範圍，建立起著名的東方圖書館，藏書量逾 50 萬冊。東方圖書館被戰火焚毀後，在王雲五主持下，再度收購中外圖書，數量又達 30 餘萬冊，其中珍藏了不少古籍善本，而方志、年譜之豐富，更為中外各大圖書館所不及。商務印書館藏書的質與量，非但令國內其它出版企業望塵莫及，即使國外出版社也很少有如此豐富的藏書。曾在商務工作過的沈雁冰曾對商務同事說：「我在此不為利不為名，只貪圖涵芬樓藏書豐富，中外古今齊全，藉此可讀點書而已。」由此可以得知，商務的藏書在當時是何等的有吸引力。

　　商務印書館的藏書，有如不擇細流的大海，彙集各學科的典籍和精品，商務印書館的編譯工作，也就處在中西文化交匯之處，泛起的學術浪花分外亮麗。商務印書館的學術品位，猶如一個強力磁場，吸引著各類人才前來一展身手。許多有才華的年輕學子，經過在商務編譯所的鍛鍊，成為文學界的驕子或根底紮實的專家；不少已經有相當名望的專家，也樂意到商務來滋補營養，使學識精益求精。

　　商務辦的刊物，不僅扶植起了一大批館外專家，主持刊物的編輯中也出了眾多傑出人才。沈雁冰接辦《小說月報》後，該刊發表了不少民族主義和現代主義傾向的作品，大力介紹俄國文學，扭轉了《小

說月報》在「五四」新文化運動後一度造成的欠佳形象。在編輯稿件過程中，沈雁冰本人的文學鑒賞力大為提高，後來他以「茅盾」為筆名，在《小說月報》上發表了不少作品。鄭振鐸接替沈雁冰任《小說月報》主編後，辦刊宗旨不變，還先後編印了泰戈爾、拜倫、安徒生等外國著名作家的文學專號。老舍的處女作《老張的哲學》、巴金的處女作《滅亡》，均首先由《小說月報》發表。1922 年 1 月，鄭振鐸在商務創辦了國內第一家兒童文學刊物《兒童世界》，為兒童提供健康生動讀物的同時，也造就了我國第一批童話作家。後來成為我國童話作家第一人的葉聖陶，在《我和商務印書館》一文中，提到他本人開始寫童話作品的原因時說：「商務辦起《兒童世界》後，鄭振鐸任主編，經他慫恿，我開始寫童話，一寫就寫了好多篇」。葉聖陶是1922 年春由朱經農介紹進入商務印書館的，起初與顧頡剛[14]、周予同等合編《新學制初級中學國文教科書》，利用業餘時間從事創作，他回憶道：「我進商務的時候，是王雲五先生主管編譯所……我在商務當編譯一共八個年頭……有關編輯的責任感以及若干必不可少的知識和技能，都確切地自知是在商務的那八年間逐漸學來的。[15]」葉聖陶的許多早期作品，在商務刊物發表或由商務出版。他的著名長篇小說《倪煥之》在《教育雜誌》上連載，他的童話集《稻草人》，小說《隔

14　顧頡剛原先在北京大學，1922 年夏經胡適介紹進入商務印書館，編制《新學制初級中學國文教科書》和《中學用本國史教科書》。說起顧頡剛，他的名著《古史辨》與商務還有一段令人啼笑皆非的因緣。顧頡剛是否認盤古開天地和三皇五帝之說的，他在為商務編輯的《中學用本國史教科書》中，回避盤古，對三皇五帝則約略帶過，還加上「所謂」二字，以示無其人其事。事隔多年，國民黨定都南京後，山東參議員王朝俊提案，說這本教材數典忘祖，無法無天。戴季陶乘機小題大做，發揮道：「如今說沒有三皇、五帝，就是把全國人民團結一致的要求解散了，這還要得！」戴季陶認為，否定盤古開天地等觀點只能用於學術討論，寫進發行量極大的教科書，「那就是犯罪，應該嚴辦」。當時的國務會議還提出：「這部教科書前後共印一百六十萬部，該罰商務一百六十萬元。」（顧頡剛：〈我是怎樣編寫《古史辨》的〉後來，張元濟到南京找吳稚暉疏通，才免去罰款，該教科書則禁止發行。經過一折騰，顧頡剛的《古史辨》名氣更響亮了。

15　葉聖陶：〈我和商務印書館〉，見《商務印書館九十年》。

膜》、《火災》、《線下》都被列入《文學研究叢書》。當葉聖陶離開商務時，已經是一個知名度很高的文學青年了。

　　胡愈之初進商務印書館時還只是個編譯生，他文筆出眾，進步很快，被王雲五發現，起用為《東方雜誌》的編輯和主編。胡愈之把譯介各種西方學說為主的《東方雜誌》，辦成研究型的綜合性學術刊物。在他任該刊主編期間，允准刊登有革命傾向的文章。曾在商務印書館擔任過編輯的陳翰笙，對於胡愈之敢於採用進步文章很有感觸。據陳翰笙回憶，他本人離開商務印書館後，去中央研究院科學研究所工作，「當時有一批地下黨的同志以此作掩護搞社會調查，我參加了調查日本紗廠的包身制，特別是女工倍受剝削的情況，寫成調查文章揭露其侵略剝削的實質」，由此引起國民黨當局的注意，懷疑是共產黨搞的。陳翰笙等人便轉到農村做社會調查，其調研成果在《東方雜誌》上發表了不少。為此，陳翰笙述評道：「商務印書館由胡愈之主編的《東方雜誌》，為宣傳新思想提供了陣地，發表了不少我們寫的調查文章。這個雜誌在當時可以說是獨樹一幟，被社會公認是進步的刊物。[16]」胡愈之長期在商務印書館任職，他的編輯與寫作能力在工作中得到很大提高。他與王雲五後來在政治上走了兩條相反的路，但他們分別為商務事業的繼續發展起了重大作用。新中國成立後，胡愈之擔任出版總署署長，極力主張保留商務印書館這個學術出版機構。商務印書館從上海遷往北京後的繼續發展，同胡愈之的努力是分不開的。臺灣商務印書館在 50 年代境況不佳，僅能勉強維持生存，王雲五退出臺灣政壇擔任該館董事長後，多方策劃，積極經營，使臺灣商

16　陳翰笙：〈商務印書館與我同齡〉，見《商務印書館九十五年》。

務印書館的出版事業走向興旺。今天，北京、臺灣、香港三家商務印書館各有千秋，成鼎足而三之勢，而前兩家商務出版社的恢復和興旺，離不開當年商務新秀胡愈之和中堅人物王雲五，這在商務印書館的發展史上堪稱一段佳話。

商務印書館編譯所曾是各學科知識分子的彙集之地，「早期留美回來的任鴻雋、竺可楨、朱經農、吳致覺諸先生，留日回來的鄭貞文、周昌壽、李石岑、何公敢諸先生，都在商務的編譯所工作過[17]」。商務印書館人才濟濟，王雲五為此感到很自豪，他曾歷舉其中的若干佼佼者，以示人才薈萃之盛況：傅緯平為國家耆宿，何炳松為史學大家，黃藹農精通書畫鑒定和書法篆刻，沈百英博採眾長，蘇繼廎專長南洋史地，鬱厚培、糜文溶為現代印刷專家，高夢旦廣學博聞，乃婿鄭振鐸對俗文學與中國版畫研究有素[18]。王雲五所提及若干人才中，對商務事業影響最大的當推高夢旦、何炳松（柏丞）、蘇繼廎（錫昌），後兩位堪稱王雲五最得力的助手。

何炳松曾任北京大學歷史學教授、北京高等師範學校英語部主任，其才學很受王雲五賞識，進商務印書館後即被委以分管百科全書編譯的重任，「旋以商務印書館出版計劃有變更，改任史地部主任，未幾復兼國文部主任。於時商務印書館出版事業正臻極盛，其計劃實半出君手。民國十七年（1928），改任商務印書館編譯所副所長，明年任所長[19]」。1932 年商務復業期間，何炳松協助王雲五做了大量工作。1935 年夏，何炳松被國民政府任命為暨南大學校長。何炳松為

17 葉聖陶：〈我和商務印書館〉，見《商務印書館九十年》。
18 王雲五：《岫廬八十自述》，頁 317。
19 金兆梓：〈何炳松傳〉，見《商務印書館九十五年》。

商務出版事業做出過重要貢獻，與此同時，他本人也受益於商務印書館。他利用編譯所豐富的圖書資料和良好的學術氛圍，專心治學，成果頗為豐碩。沈練之撰寫的《憶柏丞先生》一文，對何炳松評價甚高，並指出在商務的工作經歷對他本人治學大有裨益：「柏丞先生治學嚴謹，在商務的十多年，是他史學研究的高峰時期。他以中國史學傳統與西方資產階級史學互相印證，融匯古今，學貫中西。他認為歷史之值得研究在於對當前有用。何先生以歷史學為反帝反封建服務。」

蘇繼頎在抗戰時期是王雲五最得力的助手。其時，商務總管理處設在重慶，蘇繼頎任商務編審部代理主任，以為人厚重、才學傑出聞名。蘇繼頎乃蘇東坡後代，早年喪子，中年喪妻，未娶繼室，全身心地投入工作。他不善辭令，待人和藹可親，被同人尊稱為「蘇老夫子」。王雲五很賞識蘇繼頎「無為勝有為」的德治功夫，在渝期間很放心地把編審部工作交託給他分管，自己則總領館務，間或參與政治活動。石坤林憶敘道：「王雲五先生起初對編審部工作抓得還緊，後來他參加國民參政會，政治活動多，對編審部關心少了……但是編輯部工作在蘇先生的主持下，照樣進行得很好。[20]」

在商務印書館從事過編輯工作的自然科學專家也不少，如著名學者竺可楨、鄭貞文、秉農山等。竺可楨獲美國哈佛大學研究院地理系博士學位，1918 年回國，1921 年在東南大學創辦中國第一個地學系。從 20 年代初開始，他與商務印書館建立了密切的關係。1922 年他在東南大學創辦《史地學報》，約請商務印書館發行，成為當時國

20　石坤林：〈憶商務老編輯蘇繼頎〉，見《商務印書館九十五年》。

內史地學界一份重要刊物。1925—1926 年，竺可楨受王雲五之請，帶著學生張其昀同去編譯所史地部任職一年，「主要工作是主持翻譯《大英百科全書》，主編《百科小叢書》」。竺可楨把自己編寫的講義簡縮，在商務印書館出版，並在《東方雜誌》發表論文多篇。他的學生張其昀在那時編的《中國人生地理》一書，將中國分為 23 個自然區，分述各區自然地理和經濟情況，很受讀者歡迎，暢銷一時[21]。

著名數學家、翻譯家鄭太樸於 1919 年進商務做編輯，在商務印書館出版過著譯 26 種，內容包括哲學、數學、物理學、經濟學、中外科技史。鄭太樸一度離開商務，其間有留學日本的 4 年經歷。新中國成立前夕，他任商務印書館總編輯，不久去世。

聞名學界的周氏三兄弟與商務印書館都有過密切交往。如前文所敘，周樹人（魯迅）的不少著譯在商務出版和發表。周作人和周建人都在商務做過編輯，辦過刊物。周作人在那時已經是著名文人，近些年來他的不少作品又重新推出，文學愛好者幾乎都知道他的姓名。周建人則是頗有聲望的生物學家、教育家，影響深廣的《物種起源》一書，就是他翻譯的。1921 年起，周建人進商務編譯所編輯生物教科書。抗戰時期，上海淪陷後，周建人仍留在商務擔任修訂《辭源》等項工作，抗戰後期他因參加抗日活動被上海商務館解雇[22]。

1921 年底至 1931 年初，商務印書館編譯機構之龐大，在國內當數第一，在世界上也是極為罕見的，編譯所全盛時期人員達 300 人以上。各種人才進進出出，為商務事業做出貢獻的同時，也為自己才識

---

21 胡煥庸：〈竺可楨先生與商務印書館〉，見《商務印書館九十年》。
22 張明養：〈悼念周建老〉，見《商務印書館九十五年》。

的提高汲取養料。進出於商務的知識分子，有些人不問政治，只做學問；有些人後來接受共產黨領導，走上革命道路；另有些人亦學亦官，思想觀點向右轉，受到國民黨當局的賞識和啟用。真可謂「大江東去，浪淘盡千古風流人物」。

王雲五的摯友朱經農，起先在國民政府當小官，一度脫離政府機關，做過北京大學教授，1923 年應王雲五邀請，進入商務編譯所，初任哲學教育部部長，繼兼國文部部長及商務附設之尚公小學校長，主編過全套新學制小學教科書，續竟《教育大詞典》的編譯工作。他於 1928 年離館，出任上海市教育局長，此後在國民政府教育機關屢任要職，官至教育部次長，曾被進步人士稱為「文化特務」。1946 年王雲五欲脫離商務出任經濟部長，請時任教育部次長的朱經農繼任商務總經理。由於其時國內政治形勢劇變，對商務領導層產生重大影響，朱經農的政治觀點以及出版業務方面的具體作為在商務高層得不到支持，因而在總經理任內他無所作為。

陶希聖進商務印書館之初，如他自己所說，只是個「小編輯」。經過廣泛讀書，刻苦鑽研，學問有所長進，大革命期間，他一度投筆從戎赴武漢，不久又回到商務印書館。30 年代初，王雲五推行「科學管理法」，想起文筆鋒利的陶希聖，破格起用為總經理室唯一的中文秘書。陶希聖為王雲五起草對付「工潮」的檔，觸犯眾怒，被迫辭去商務的職務，去中央大學教書。經過在商務的歷次「磨煉」，陶希聖的「刀筆」更為鋒利。可惜的是，他的文才，為闡發蔣記三民主義枉花了不少功夫，以致有「御用文人」之稱。

與陶希聖的情況相仿的還有陳布雷。陳布雷曾在商務文書科工作，文字簡練，長於辨析。他因為蔡元培起草《韋氏英漢雙解辭典》的序文而名噪一時，後來擔任《商報》主筆。北伐戰爭後期，陳布雷應蔣介石之請，棄學從政，成為蔣介石的心腹秘書，自此直至解放戰爭後期絕望自殺，一直是蔣介石手下的第一支筆桿子。

　　人各有志，不能勉強，少數在商務印書館做過編輯的文化人後來所選擇的政治道路，已經被歷史證明是沒有前途的。但是，在商務印書館經受過鍛鍊的知識分子，大多為我國的文化出版事業和學術科技做出過貢獻，並最終選擇了正確的政治道路。1930—1942 年在商務任編輯的張明養，稱商務印書館為「培養人才的大學校」：

　　商務編譯所擁有一支很強的編輯隊伍，許多老編輯多是各門學科中學有專長的著名學者，在他們的傳、幫、帶下，不少年輕人得到了鍛鍊和提高，成為國家有用的人才，在政治、社會、文教和科技各方面，做出了有益的貢獻。……（在商務），只要你自己艱苦努力，這是一個極好的學習和鍛鍊場所[23]。

　　這一評價是客觀公正的。許多在商務工作過的人對此都有切身體會，這也是商務印書館的歷史值得紀念的原因之一。王雲五是這支編輯隊伍在業務方面的「領班」，他和其它一些商務元老為營造這樣的環境做出了不懈的努力。商務在這方面給予我國文化事業的貢獻與影響，並不比它的出版物小。

　　聘用才識之士，自比開飯館：選好廚子，才能拿出特色菜肴。選

23　張明養：〈懷念和感激〉，見《商務印書館九十五年》。

拔幹部，才學要出眾，為人要厚道。主持商務大政，刺激下屬進取心，自有整套辦法。

從 1921 年起的 25 年中，對商務印書館使用編譯人才起關鍵作用的是王雲五。王雲五把出版事業比作開飯館，飯店要出名必須要有名廚，有了好的廚子才能製作出特色名菜，吸引顧客，廚子比老闆更重要。商務印書館猶如一家香飄萬里的大飯館，王雲五既當老闆又做廚子。他和他所招募的廚子遍嘗百味，能烹調出令美食家百吃不厭的菜肴，他們自己也是鑒賞力極高的美食家。王雲五和商務編譯人員都是博覽眾書的學人士子。讀書破萬卷，深得其中三昧，才能編譯出更有品位的好書。在名廚雲集的大飯館裏，王雲五是眾望所歸的「領班」；在專家學者聚匯的商務館裏，王雲五是出版題材的設計師；在文化出版領域的一支方面軍中，他是統率將士的「司令」。陶希聖在紀念王雲五的文章中，曾盛讚王雲五在人才培養方面的貢獻：

> 我進上海商務印書館為編譯所的一個編輯，從這個文化事業上，看見了中學之西化，也看見了西學之華化，而綰領其中一個關鍵的人物就是王雲五先生。……雲五先生以其遠見與虛心，大志與大氣魄，擔當起這個中西文化融合傳佈的關鍵地位。古代軍禮，大將軍領兵出征，王者親手為之推轂。在「五四」的前後、北伐的前後，雲五先生親手推轂出來的學者、思想家、教育家乃至軍界的人物，不知道有多少[24]。

陶希聖的這段文字有不夠嚴謹之處。「五四」之前，王雲五尚未

24　陶希聖：〈悼念王雲五先生〉，載臺灣「《中央日報》」，1979-08-19。

進商務印書館，因此「『五四』的前後」一語，在時間上不很準確。從商務印書館走出來的各種各樣的人物，歸之於王雲五「親手推轂出來」，也失之以偏概全。但是王雲五善於使用人才、為編譯人員提供良好的工作環境，乃是不爭的事實。王雲五任編譯所所長時，選用幹部首重才學，但又不是唯才是重，而是選取「德才兼備」的人物。他認為行政手段緩和而又能在工作中以身作則的人，才能像北極星那樣，自然而然形成威信，使下屬人員如「眾星拱辰」般地圍繞他，就如孔子所言：「為政以德，譬如北辰，居其所而眾星共之。[25]」王雲五選用幹部較為得當，使編譯所所屬各雜誌社、各部運轉自如。董滌塵在《我與商務印書館》一文中，對數學部部長段育華的工作作風和數學部人際關係的描寫，從側面反映出王雲五的用人標準及其良好的效果。段育華曾任東南大學教授，進商務編譯所以後，凡事以身作則，被王雲五認為是可用人才，任命為數學部部長。董滌塵回憶道：「他治學非常嚴謹，工作認真負責，一上班就是實足三小時工作，絕不輕易離開座位，人家有時作些談笑或休息，但他始終在認真編寫或思考問題。我們對他非常尊重。他有時約我在星期天去他家裏，我覺得他非常謙和，常常談笑風生，……令人感到親切。」董滌塵認為，數學部的良好氛圍並不是特例，整個編譯所的工作環境都是很令人嚮往的：「我在商務編譯所數學部的 8 年中，感到編譯所同事之間，一般來說，相處關係較好。在舊社會常有『文人相輕』、『同行必妒』的說法。我在商務編譯所期間，從未感到有此情況。只是在後來離開商務以後，卻曾多次有這類遭遇。[26]」

25　《論語‧為政》。北辰，指北極星。共，同「拱」，意為環繞、拱衛。
26　董滌塵：〈我與商務印書館〉，見《商務印書館館史資料》，第 44 輯。

許多在商務印書館做過編輯的專家學者，同董滌塵一樣，對編譯所的工作氣氛和人際關係給予好評。王雲五善於用人，他喜歡使用情性平和的學者兼任各部負責人。然而，王雲五本人的行政手腕並不緩和，在雷厲風行進行改革時固然如此，平時也顯得魄力有餘而厚重不足。鄺富灼的被排擠，則能從反面說明王雲五的幹部標準。若論才學，鄺富灼有深厚的英美文化修養，滿口英語，又是資深專家，做英文部主任是最為合適的。然而鄺富灼恃才傲物，時常對抗編譯所所長王雲五，對英文部編譯人員也不夠寬容。在王雲五看來，鄺富灼「才勝於德」，不堪重用，於是將他擠出編譯所。

　　然而，王雲五又不是在辦道德學院，他之所以重德，多半是從有利於工作出發。對於德勝於才者，或學問陳舊、觀念落伍者，王雲五也毫不含糊地調動他們的工作。清末即進商務印書館工作的杜亞泉，曾為商務的出版事業立下汗馬功勞，商務印書館「初期所出理科教科書及科學書籍，大半出於先生手筆，其中如《動物學大辭典》、《植物學大辭典》，尤為科學界空前巨著[27]」。就德而言，杜亞泉待人接物謙恭有禮，無可挑剔。但是，杜亞泉思想守舊，看不慣五花八門的新思潮。新文化運動時期，他主編《東方雜誌》，堅持用文言文出版，還抨擊新進的文化觀。他曾寫詩諷刺白話新詩，以蒼蠅的哀鳴做比喻：「一個蒼蠅嘶嘶嘶，兩個蒼蠅吱吱吱，蒼蠅蒼蠅傷感什麼？蒼蠅說：我做白話詩。」王雲五把杜亞泉等一批「老朽」調離《東方雜誌》等雜誌社，起用一批觀念新、年紀輕的學人辦刊物，改變了商務對外的形象。起先，王雲五對杜亞泉這位前輩人物虛恭實不敬，後來

27　胡愈之：〈追悼杜亞泉先生〉，載《東方雜誌》第 31 卷第 1 號。

漸漸冷落了他，認為他知識老化、觀念陳舊，已比不上新進的才識之士。杜亞泉在「一·二八」劫災後被解聘，失去了大筆退職金，不久鬱鬱而死。杜亞泉受冷落，及至晚景凄涼，被有些人用作為典例，說明王雲五排斥異己，不講情義。實際上，王雲五同杜亞泉沒有私人恩怨，改革涉及人事問題，總不免「幾家歡樂幾家愁」。另一典型例子，是編譯所元老之一莊俞也被認為知識老化而備受冷遇，只好離開編譯所，去做商務的交通科長。被王雲五調離重要崗位或解聘的老編輯為數不少。王雲五從商務出版業務的大局出發，做了些這類「缺德」的事，雖有「不敬老」之嫌，但其動機畢竟出於振興商務事業之公心，因而無可厚非。有些人被迫離開編譯所以後，反而有了施展才華的機會。國文部老編輯范善祥也被王雲五解雇，離館時發誓要幹出些名堂讓王雲五瞧瞧。不久，範善祥在世界書局擔任編譯所所長，他主持編輯的教科書銷路不錯，奪去了商務的一部分生意，倒真的給了王雲五一點「顏色」看。

在編譯所所長任內，王雲五對所內的業務和人事問題，事無鉅細，均牢牢掌握在自己手中。家長式的工作作風決定了他喜歡大權獨攬，同時要求下屬對他順從，各部門之間相處和諧，人際關係融洽，從而使編譯所具有傳統大家庭的氣氛，上下左右的人際關係均以「禮」來維繫。擔任總經理的王雲五與他的前任鮑咸昌不一樣。鮑咸昌不求有功，但求無過，不戀棧，不管事，對編譯所的業務更不加干涉。王雲五在總經理任上，只求有功，不怕有過，樣樣要管，對編譯所（後改為編審部）工作格外重視，出版計劃均親自擬定。何炳松和蘇繼廎先後分管過編譯所和編審部，他倆忠誠而有效地執行了王雲五

的出版計劃，在行政管理方面循規蹈矩，從不自行其事。王雲五對他倆很放心，根本不用擔心自己可能被架空。

　　儘管王雲五在應付「工潮」和推行改革之際，多次與包括編輯在內的多數職工發生過矛盾，有時為了啟用才識過人的後起之秀，得罪了一些資深編輯，但他平時還是比較注意協調人際關係的。他提倡同人之間的公平競爭，讓每個編譯人員忙於業務，感到能在工作中發揮才幹。人盡其才，精力便不至於用於內耗。他很重視出版策劃，推出大部叢書與各種工具書的編輯計劃，使每個編輯都有幹不完的工作，人人奮發努力，業務水準也得到了提高。商務印書館在發展出版事業的同時，培養和鍛鍊了人才，這一良好風氣始自張元濟，王雲五則繼承而發揚光大之。

　　商務的出版事業，既弘揚了中華傳統文化，又大力推介了西方優秀文化，並謀求中西文化溝通，以促進中國現代文化的繁盛。何炳松對此作過簡要概括：

　　我國名著之出版者有《四部叢刊》、《續古逸叢書》、《續藏》、《道藏》、《百衲本二十四史》等，亦無不精美絕倫。關於西方學術之介紹者則有《漢譯世界名著》、《現代教育名著》，以及其它各科叢書。最近風行全國之《萬有文庫》尤為國內唯一之巨著。此外工具書如《辭源》、《學生字典》、《教育大辭典》以及人名、地名、動物、植物、礦物、醫學等辭書，尤足以應吾學術界之需要[28]。

　　何炳松這段文字，描述的是 1932 年初商務總館被毀以前的出版

28　何炳松：〈商務印書館被毀紀略〉，載《東方雜誌》第 29 卷第 4 號。

情況。商務總館復業後不久，王雲五再次統籌出版計劃，既要發揚商務印書館 36 年來的優良傳統，又要在出版成果方面有所突破和創新，相繼推出了《大學叢書》、《中國文化史叢書》、《叢書集成》等許多學術性叢書，並出版許多中小學生的課外讀物，使商務印書館在三十年代中期形成出書高峰。抗戰期間，王雲五在堅持出版高品質學術著作的同時，出版了一系列抗戰讀物，既適應形勢需要，又有不錯的銷量，使商務事業在困難中堅持下來，得以長盛不衰。與此相應，商務的編譯人員無論何時，都有做不完的事。但王雲五還是不滿足，他一直鼓勵同仁多讀書，多研究學問。他常說，從事出版工作的人，一定要多讀書，要瞭解學術界動態，唯其如此，才能鑒別書稿的優劣，才能不斷推出好書、暢銷書。他還鼓勵編輯同學術界保持廣泛的經常的聯繫，與學者共同探討寫作題材，擬定專題，盡可能把最優秀的書稿拿到商務印書館來出版。商務版的好書、新書層出不窮，編輯的業務水準持續提高。商務聯繫的著譯者都是學術界的權威和新秀，館內外專家、學者通力合作，精深的學術專著和通俗實用的普及讀物，源源不斷地流向社會各個層次。在 20 年代至 40 年代，凡是進過學校大門的人，幾乎人人都讀過商務印書館出版的書籍，有文化的人都知道主持商務大計的是出版家王雲五。著名出版家陳翰笙在 80 年代撰寫《商務印書館與我同齡》一文，他認為，商務出版事業的成功，有許多做法值得今天的同行研究、借鑒。他從商務印書館創辦之初論述到王雲五主持館務，重點小結了王雲五主持時期的經驗。他認為商務主事人的素質、創造精神、重視人才、科學管理等方面都有許多好的經驗，有待今天的出版界深入研究：

據我觀察，有如下幾個方面值得重視：一是有一批熱心於出版事業的人，從商務的創辦人夏瑞芳，到先後主持業務的人張元濟、王雲五等人，多數有學問，事業性強，眼光看得遠，又腳踏實地地辦事，所以能推動出版事業不斷發展。二是能適應時代要求，接受新思想，有革新創造精神。商務出版事業的不斷發展，印刷技術的不斷改進，有一套管理事業的科學方法，這一切都離不開這種精神。……三是重視人才，一方面同社會上的專家、學者保持聯繫，約請他們寫書、翻譯，支持出版事業，一方面注意搜羅人才，不斷充實加強編輯力量。……四是摸索了一套科學的管理方法和可行的制度，又注意社會信息，能及時適應形勢的變化和需要，有自己的印刷廠和發行網，所以商務總是有新書供應讀者[29]。

除了以上幾點之外，不屈不撓的奮鬥精神，在王雲五從事出版事業的過程中也得到充分反映。王雲五為人達觀，臨難不苟免。無論遭遇什麼困難，只要還有一絲希望，他往往不惜心力，全力拼搏。商務印書館歷經變故，屢遭災難，王雲五從不氣餒，一次又一次為重振商務事業做出不懈努力，並取得顯著成果。1932 年「一‧二八」商務總館廠被毀，王雲五艱苦復業，在兩年不到的時間內使商務恢復了元氣，隨即進入出版鼎盛時期。全面抗戰爆發後，上海總館及各地分支館大多處於敵佔區，王雲五先後到長沙、香港維持後方館務；1941年 12 月太平洋戰爭爆發，日軍佔領香港，商務在香港的事業中斷，財產損失慘重，王雲五轉赴重慶，艱苦經營，在人才資金極其缺乏的困境下，再度中興商務事業。最後一次振興商務事業是在臺灣進行

---

29 陳翰笙：〈商務印書館與我同齡〉，見《商務印書館九十五年》。

的。王雲五走下臺灣政壇時已是 76 歲的老人，仍親手整頓臺灣商務印書館，使其恢復生機。王雲五在 1932 年和抗戰時期歷次挽救商務事業，得到同時代人和後來論者的一致好評；他規復臺灣商務印書館，在臺灣的口碑極佳，文化學術界對此舉一致讚譽。臺灣作家胡有瑞稱王雲五是商務的「功臣」、「救星」，「扭轉了乾坤」。

重視員工福利，增進商務內部凝聚力，也是王雲五不敢忽視的工作。雷厲風行的改革，勢必損傷部分員工的利益和感情，使勞資關係緊張。在商務董事會支持下，王雲五在職工福利方面也採取了配套措施，一定程度上緩解了職工的不滿情緒。商務印書館在 30 年代初有同人子弟學校、員工托兒所、免費醫務所以及館方付費的特約產院，並設有退俸金（退休金）、病假津貼、因公傷亡撫恤金、員工補習教育扶助金、產假保險金以及人壽保險、火災保險等，使員工享有生活、教育方面多種福利待遇。如此齊備的福利設施和待遇，在當時的國內企業中是極為罕見的。為了鼓勵技術人員和工人發明創造、提高生產效率，館方設立了優良製作獎勵金、特別發明獎勵金等獎項，開設函授學校，開辦各種文化、技術培訓班，以提高職工的業務水準和操作技能，並注意引進先進設備，消化技術，發明創造。這在客觀上促進了我國出版事業在另一層面的發展。商務印書館職工自行設計，積極革新，製造各種印刷機、銅模、鉛字、儀器標本、模型、運動器材，這些產品在國際博覽會上屢屢獲獎。

商務印書館所取得的多方面成就，在王雲五主持大計之前已有相當起色，王雲五主持大計後，在人才改革、出版計劃、「科學管理」方面不斷產生新的構想，並付諸實踐，使商務印書館的事業更為繁榮

昌盛。

事業上「步步高」，得益於諸多名人的提攜推介。辦成出版大事業，離不開張元濟、高夢旦鼎力相助。兩老虛位謙讓，令王雲五終身感恩。

王雲五在事業上「步步高」，得益於廣泛的社會關係，在關鍵時刻他總能得到有力人物的幫助。其中，孫中山、胡適、蔡元培、朱經農、張元濟和高夢旦的提攜和相助，尤為至關重要。這六位人物，也是王雲五在自述中經常提到的有恩於他的人物。幸識孫中山，使他有機會在民國建立之初便步入中央機關，結識了許多政界人士，社交層次大為提高。在教育部任職期間，贏得蔡元培的好感，擴大了與學界的聯繫，後來他在商務印書館任職期間，一值得到蔡元培的關懷和支持，《大學叢書》的出版是他倆成功合作的典範——《大學叢書》委員會由蔡元培領銜，召集學界各科著名學者，王雲五則主持編輯事務。得到胡適極力推薦，王雲五才得以進商務任編譯所所長要職，胡適的聲望、胡適對他主持商務工作的支持，客觀上提高了他的身價。由於朱經農的推介，王雲五在北京有幸第一次走上大學講臺，在處境不佳時得到籌辦煤礦事宜處的悠閒美差，朱經農亦官亦學的經歷一直對王雲五的出版事業起著直接或間接的作用。王雲五任編譯所所長期間，朱經農在編譯所工作過好幾年，鼎力相助；王雲五於 1946 年「棄商從政」，朱經農則為了他而「棄官從商」，接任商務總經理職務。然而，話得說回來，孫中山、胡適對王雲五的提攜與幫助，主要的影響是改變了他的人生經歷。蔡元培、朱經農雖然與王雲五在文化出版上有所往來，只是他們本人事業的一個副產品。相比之下，張元

濟和高夢旦的扶植與支撐，對於王雲五得以在出版事業上取得成就最為關鍵。王雲五在商務印書館能夠站穩腳跟並多次推行改革，絕對離不開張元濟和高夢旦的鼎力相助。

　　王雲五任編譯所所長期間，張元濟任商務監理，對館務起督導作用。張元濟業已拓展的商務出版事業以及他的出版經驗，為王雲五繼續發展商務事業作了堅實的鋪墊。張元濟在商務元老級人物中享有很高的威望，他甘居虛位，並盡心竭力給予王雲五多方面的支持，使王雲五的工作減少了阻力。1930 年王雲五任總經理，行使總經理獨任制，廢除了總務處合議制，甚至把監理制也取消了。張元濟時任商務董事會主席，憑他的職權和影響力，完全可以制約王雲五的獨斷專行，但他從商務事業出發，不計較個人得失，大力支持王雲五的改革和日常工作，自己則謙讓退避，心安理得地處於虛尊的地位。抗戰期間，王雲五先後去香港、重慶，張元濟留守上海，一個在後方，一個在淪陷區，兩人在性質不同的艱苦環境下，分別維持商務事業，並盡可能地保持聯繫，相互勉勵。抗戰勝利後，商務印書館在上海的機構遇到過一些麻煩，他倆通力合作，再次恢復商務的事業和社會地位。在商務總館任職的 25 年中，王雲五始終對張元濟保持恭敬的態度，把他看作前輩和忘年交。王雲五在他的自述和多篇文章中，對張元濟的人品和敬業精神一再表示敬佩。在晚年所寫的《張菊老與商務印書館》一文中，王雲五回顧了張元濟 25 年中給予的支持，對他的關愛與友情表達了感激之情：

　　在此時期，我的一切措施，他無不讚助，一方面由於他愛護商務印書館，他方面也因為我們之間已經建立了深厚的友誼，不管他的年

紀比我大了廿多年，而且我在商務印書館中最後進，他總是把我視為平等、無話不談的朋友，在高夢旦先生尚健在時，我們三人無話不談，在高先生逝世後，菊老簡直把我視為唯一可以無話不談之人[30]。

解放戰爭時期，國民黨逐漸失去戰場上的優勢，在國統區內倒行逆施，張元濟最終與那時在當大官的王雲五分道揚鑣了。王雲五對此耿耿於懷，但對張元濟本人從不惡言相加，認為張元濟政治態度的轉變是受周圍人的影響。王雲五所寫的憶舊文章，凡涉及 1947 年以後的政治問題，其觀點大多與國民黨當局政策相接近，對不同的政見頗多指責，但他從來不對不同政見者進行人格上的攻擊，對張元濟如此，對其它商務舊同人和學界人士也如此，甚至對中共和民主黨派人物，也不使用有損人格的語詞。這是王雲五為人謹慎和高明之處。另一方面，留在大陸的商務舊同人，撰寫憶舊文章時，大多肯定王雲五對商務事業的貢獻，雖然不贊同他後來「棄商從政」，批評他的政治見解，但極少用貶義詞描述他的人品。

王雲五把張元濟在解放戰爭時期傾向共產黨，解釋為他本人出任財政部長後，因公務纏身，極少來滬，致使張元濟在上海被「左傾分子包圍」，尤其是受了陳叔通的影響。在《張菊老與商務印書館》一文中，王雲五一廂情願地評論道：「菊老是一位熱心國事，而對於政治觀察頗為天真之人，自易為（陳叔通）所蠱惑。」據王雲五推斷，自 1948 年夏季起，張元濟已經決然走另一條道路，其推斷的主要依據是，不待解放軍佔領南京、上海，「菊老的態度已有大轉變」，聽任共產黨人進入商務印書館。王雲五的另一個證據是，朱經農「因政

30　王雲五：〈張菊老與商務印書館〉，載臺灣《傳記文學》第 4 卷第 1 期。

府派他往歐洲出席聯合國文教會，向菊老請假，想不到菊老竟說，此時出國不能不易人，經農即請辭，也不加挽留，遽予接受」。更令王雲五傷感的是，他本人虛掛的商務印書館董事頭銜很快也被摘去。1948年冬，王雲五從財政部長職位上下臺，剛想過問一下久違的商務印書館事務，突然收到張元濟的信，不再讓他擔任董事，這就使王雲五非但在實際上而且在名義上也斷絕了同商務總館的關係，王雲五對此頗感幽憤：

他突然寫信給我，內有「本年股東會甫於本月（12月）舉行，與同人相約，謂公此時正宜韜晦，不敢以董事相濱，想蒙垂察」等語，輕輕地把連任了二十年的老董事革除[31]。

張元濟與王雲五既然決定走截然相反的政治道路，為商務事業而發展起來的友情不得不中止。儘管如此，王雲五對自己在商務印書館期間，受到張元濟的支持和幫助，一直心存感恩之情。他倆相互承認對方對商務事業所作出的重大貢獻。1979年6月，王雲五在去世前一個月撰寫的最後一篇文章，便是為張元濟的《涉園序跋集錄》作序，綿綿哀思寄託於字裏行間。

高夢旦是王雲五的另一位恩人。胡適首先向高夢旦推薦王雲五，經過高夢旦多方周旋，商務元老級人物才同意王雲五進商務任要職。高夢旦將編譯所所長職務讓給王雲五，自己則退居出版部部長，心悅誠服地接受王雲五的直接領導。高夢旦的高風亮節，商務印書館內一直被傳為美談。高夢旦在20世紀30年代中期即去世，同王雲五沒有

---

31 王雲五：〈張菊老與商務印書館〉，載臺灣《傳記文學》第4卷第1期。

發生過政見上的分歧。王雲五全面頌揚他的「嘉言懿行」，認為無論對家庭、待朋友，還是幹事業、做學問，高夢旦都是符合現代標準的理想中人物，並且認為「胡適之先生稱他為現代聖人之一，絕對不是過分」。王雲五撰寫《我所認識的高夢旦先生》一文，發表於 1936 年 9 月號《東方雜誌》上，追述自己從小失學，家境多難，養成了怪脾氣，而高夢旦長期熱情地關懷他，無私地幫助他，是他在商務事業上取得成功的重要「助力」。在《我所認識的高夢旦先生》的紀念文章中，王雲五深情地緬懷高夢旦，充分肯定高夢旦的成就與貢獻，以及對他本人的大力支持：

> 自從獲交於現代聖人之一的高先生，有形無形都受了他的很大影響。假使我能夠在任何方面有些貢獻，高先生至少應居過半之功。高先生待我不僅是最知己的朋友，簡直要超過同懷的兄弟。所以我正可模仿君珊小姐[32]的話而說：「人家只不過死了一個好朋友；我卻不但死了好朋友，而且死了最可愛的長兄。[33]」

張元濟和高夢旦都是厚重謙遜的前輩長者，與他們相比，王雲五則是鋒芒畢露的商務後起之秀。為了商務的事業，張、高兩老對王雲五求同存異，協力扶助。王雲五出任所長，離不開他倆的積極疏通。王雲五一度調離商務去中央研究院任職，他倆說服諸元老，許以總經理職務，懇請王雲五重返商務印書館。王雲五要求總經理獨攬大權，他倆立即表示同意。即使王雲五搞改革一度受挫，他們也不指責他，還為他處理善後事宜。平時兩老各司其職，協助王雲五搞好文化出版

32　君珊是高夢旦先生的大女兒。
33　王雲五：〈我所認識的高夢旦先生〉，載《東方雜誌》第 33 卷第 18 號。

事業；商務內部一旦矛盾激化，兩老必盡力周旋，消弭裂縫，維持王雲五的威信。可以這麼說，沒有張、高兩老的鼎力相助，王雲五便不可能取得商務其它元老級人物的諒解與信任，也就不可能在商務幹出大事業。也正因為如此，王雲五撰寫專文記敘的商務元老重臣，只限於張元濟和高夢旦，文字飽含情感；對商務其它元老級人物，王雲五只是在憶舊文章中偶而提及，而且是在不可省略時才作必要的交代。其間的感情親疏，令讀者一目了然。

第八章

八年輾轉苦維持

全面抗戰爆發，應邀出席盧山談話會。布置戰時商務工作，董事會留滬、總管理處暫設長沙，上海機器大量拆遷，職工分流於滬、港和內地。

30 年代中期，商務印書館處於鼎盛階段，王雲五執國內出版事業之牛耳，聲譽極高。正在他躊躇滿志之際，日軍發動全面侵華戰爭，商務印書館再度瀕臨險境。在這場曠日持久的艱苦奮鬥中，王雲五克服重重困難，在抗戰後方維持了商務印書館，繼續為文化出版事業做貢獻。另一方面，他開始參與政治活動，初衷是為抗戰出力，客觀上卻為抗戰勝利後當大官做了鋪墊。

1937 年 7 月 7 日盧溝橋事變爆發，中國進入全面抗戰時期。盧溝橋事變發生的第二天，中共中央發佈《中國共產黨為日軍進攻盧溝橋通電》，號召「全中國同胞、政府與軍隊團結起來，築成民族統一戰線的堅固的長城，抵抗日寇的侵略¹」。國民黨中央政治會議則發起盧山談話會，布置抗戰事宜，由中央政治會議主席汪精衛和軍事委員會委員長蔣介石發出聯名邀請信，召集大學教授、社團領袖以及各階層代表 200 餘人，定於 7 月 15 日至 8 月 15 日分三期舉行會議。王雲五也應邀與會。其時，王雲五作為國內出版業中第一人，在文化知識界和工商界均有相當大的影響，社會知名度也極高。他在民間團體和官方組織中擁有多種頭銜，除了商務總經理本職外，他兼任上海圖書協會主席、書業同業工會主席、溫溪造紙公司董事長、全國教育委員會委員，又是行政院效率委員會委員、工商部工商法規委員會委員、國難會議會員。因此，他被邀請參加盧山談話會是理所當然的。

1　《解放週刊》第 10 期。

7月17日，蔣介石在談話會上發表著名的「廬山談話」，表示「我們知道全國應戰以後之局勢，就只有犧牲到底，無絲毫僥倖求免之理。如果戰端一開，那就地無分南北，人無分老幼，無論何人皆有守土抗戰之責任[2]」。廬山會議還就企業工廠內遷等事宜作了具體布置。在廬山談話會上，王雲五一再表示信任蔣介石，要求指示如何「儘量貢獻其力量[3]」。王雲五沒有等到會議結束就提早下山了，他「既深悉政府全面抗戰之決策堅定不移，因思上海尤為中部首先發難之地，乃不待會畢，逕先返滬部署應變[4]」。

王雲五回滬走陸路，在歸途中，他去了南昌、金華、杭州各商務分館指導備戰工作，7月底返抵滬上，即開始進行商務印書館全域的備戰事宜。當時商務印書館在上海的楊浦和閘北地區有三座工廠，在香港有一所印刷廠，其設備都可以在戰時變通利用；北平的印刷廠即京華印書局，隨北平淪陷已無法聯繫。王雲五返抵滬上不久，淞滬戰役已在上海郊區打響，他馬上組織職工，將楊樹浦、閘北三所工廠的機器設備以及存放在楊樹浦的部分書籍、紙張都轉入租界內，大部分移置英租界，少數存放於法租界，在靜安寺附近租了房屋作為臨時工場，留下少數機器維持在上海地區的生產，其餘機器設備陸續遷往內地。

日軍進攻上海始於8月13日，國民黨軍隊進行頑強抵抗，雙方共投入100萬大軍，激戰了3個多月，閘北等華界地區一片廢墟。在滬戰激烈進行之際，商務印書館在滬上各大報刊登啟事，聲明10月

2　轉引自毛澤東：〈反對日本進攻的方針、辦法和前途〉，見《毛澤東選集》第2卷。
3　徐炳生：〈一九三七年廬山談話會見聞〉，載《上海文史資料選輯》第44輯。
4　王雲五：《岫廬自撰年譜稿》，見《王雲五先生》，頁330。

1 日起恢復生產：「本年『八一三』之役，敝館上海各廠因在戰區以內，迄今無法工作，書棧房也無法提貨。……月餘以來，就較安全之地點，設置臨時工場，並就分廠力量設法調劑，決自十月一日起，恢復新出版物。惟是能力有限，紙張短缺，運輸亦重感困難，只能量力分別進行。」在上海地區面臨被日軍攻佔的險惡形勢下，商務印書館上層被迫分為兩部分，總管理處離開上海，統籌抗戰後方的商務業務，董事會留守在上海租界內，維持上海等地館廠的業務。5 年後，王雲五在重慶中央圖書雜誌審查委員會上發言，回顧總結了商務印書館當年轉移重心的計劃：

我的辦法第一步即在炮火聲中，於一個月內在上海租界區成立一所臨時工場，暫行維持工作，並安插一部分之失業職工；第二步在國軍還未撤退之前，將原設香港的工廠擴充，儘量安插因戰事失業的職工，並繼續為相當規模之新出版；第三步即於滬戰發生後三個月內在長沙創設一所工廠，並移調滬港過剩之職工，在長沙工廠工作，以期漸將移香港之出版重心轉入內地 [5]。

上述第一條措施大致得到落實。但在上海租界只留下少量機器，外省市部分分館廠也受戰事影響，各地商務機構失業人數眾多。經與張元濟商量，王雲五決定，因戰事失去工作的商務職工一律發給半薪，在上海租界及各地分館廠人員酌情減薪。從 10 月上旬起，王雲五時常奔波於香港、長沙之間，為實施第二、第三條措施作努力。長沙方面的工作不很順利，從上海運出的機器設備陸續運抵長沙，但紙張來不及從上海運出，只能就地收購數千令白紙，以勉強應付生產。

5　王雲五：〈戰時出版界的環境適應〉，見《旅渝心聲》（上海市：商務印書館，1946 年）。

最大的問題是，當地缺乏熟練工人和技術人員，滬、港兩地職工內遷又受戰爭干擾，第一批內遷職工離滬後，組織第二批職工內遷就遇到較大的困難，致使長沙的機器設備無法充分利用。王雲五對職工「內遷難」做了如下的分析：

因為職工們安土重遷，尤其是先把大多數人安插在上海租界區中的臨時工廠和香港工廠內。對於第一批移調內地者，已經費了不少唇舌才肯動身，及長沙經了幾次空襲後，大家都以上海租界及香港為安全，更不肯接受移調[6]。

上海的機器設備遷往長沙的同時，商務印書館辦的刊物也集中到長沙。這是因為英國在中日戰爭之初宣佈中立，商務的刊物在上海租界和香港都不便發表抗戰言論，為了適應抗戰形勢，商務館辦刊物一度遷往長沙。王雲五對此舉作如下解釋：

英國宣佈中立，所以對我有關抗戰之言論，如在香港刊佈，難免遭致干涉，未能自由。同時為著激勵作戰精神，商務書館之各項出版物，特別是各種定期刊物中，不可不常有詞嚴義正的主張。長沙此時既已成立工廠，編審人員——至少各種定期刊物之編輯人員，必須前往長沙，從事編輯，而與該地新設之工廠配合。因此，決將即將復刊之《東方》、《教育》、《學生》、《少年》等雜誌，實際遷往長沙編印，其編輯人員，經我曉以大義，皆願往，即於本月（1938 年 1 月）內出發。我的內遷計劃，既有工廠與編輯人員開其端，總算初步成功。[7]

6　王雲五：《商務印書館與新教育年譜》，頁 640。
7　王雲五：〈岫廬自撰年譜稿〉，見王壽南：《王雲五先生年譜初稿》，頁 338。

但是，商務印書館所屬各雜誌社在長沙駐留時間短暫，因戰局變得越來越嚴峻，不久，東方雜誌社遷往香港，其它雜誌社遷往重慶。按原計劃，長沙還有一個作用，即作為商務印書館在後方的重心和指揮中心。1937 年 12 月初，商務印書館董事會據王雲五的提議，決議將總管理處暫時遷設於長沙，在上海、香港分設辦事處。這是因為上海租界處於日軍包圍之中，與外界聯繫極不方便，不宜再作商務總管理處所在地；香港處於港英當局統治下，使用商務總管理處名義易生糾紛。自從商務董事會作出總管理處遷長沙的決議後，「所有新出版物權頁上所列發行人、商務印書館的住址，一律改為長沙南正街，無論事實上是在上海或香港初版者皆如是[8]」。

　　但是，長沙只充當過商務印書館名義上的出版重心。在抗戰前期，王雲五對香港較感興趣，認為長沙不是發展商務業務的理想之地。不久，正面戰場的局勢進一步惡化，王雲五設法把部分機器設備運出長沙，遷往重慶，但有些內遷到長沙的職工不願遠離家室隻身入川，要求返回滬、港，「遂致重慶工廠因技術工人缺乏而無法擴充[9]」。後來，國民黨軍隊棄守長沙，守城官員實施所謂「焦土抗戰」，放火燒毀長沙城，未及遷往重慶的機器焚毀殆盡。這一把大火，還把名義上設在長沙的商務總管理處燒個精光。但商務總管理處的實際意義沒有變，總經理王雲五在哪裏，哪裏便是真正的總管理處。王雲五在香港，總管理處事實上就在香港；太平洋戰爭爆發後，王雲五留在重慶，重慶便是商務總管理處的實際所在地。

8　見王壽南：《王雲五先生年譜初稿》，頁335。
9　王雲五：〈戰時出版界的環境適應〉，見《旅渝心聲》。

為了適應抗戰形勢需要，王雲五打算在重慶、昆明、桂林、贛縣、西安各設一所印刷廠，以便分地區印行教科書等書籍。但桂林、昆明兩地技術工人奇缺，設廠計劃擱淺，在西安開工廠也未取得實效。重慶、贛縣兩家印刷廠好不容易才堅持下來，原先規模不大，作用也有限，直到 1941 年 12 月香港被日軍佔領後，這兩家工廠才受到真正重視，發展為商務印書館在抗戰後方的兩個生產基地。

駐港四年，統馭內地商務機構。發揚民族正氣，多出抗戰讀物。排解困難險阻，商務港版書大量輸入後方。知恩圖報，盡心盡意照顧蔡元培。

1937 年 12 月，王雲五從長沙返抵香港，直到 1941 年 12 月太平洋戰爭爆發前夕，他除了每年一二次赴內地參加國民參政會，其餘時間都留駐香港，主持商務在港館廠的工作，並以總經理名義統馭內地後方商務各分支機構，「遙控」上海方面的館務。

王雲五利用香港分廠中的空餘房屋，設置總管理處駐港辦事處，把商務印書館的體制改為戰時體制。商務印書館總管理處起先分為三組，一組分管營業、審核，一組分管供應、主計；另一組分管生產及雜務，後來又成立第四組兼管編審。總管理處駐滬辦事處也相應分為四組，第一組掌管原生產、營業、編審各部併兼秘書處工作；第二組掌管原供應部事項；第三組掌管原主計、審核兩部，第四組行使原人事科職權。在這一體制下，商務總管理處名義上還在長沙，只是個空架子。總經理王雲五和總管理處駐港辦事處實際上起了指揮商務印書館全域的作用，成為商務在後方的指揮機關，但對於淪陷區的分支館

及工廠則鞭長莫及，只能放棄。上海方面情況頗為特殊。商務董事會和總管理處駐滬辦事處設在上海租界區內，處於四面環敵的「孤島」上。1941 年 12 月太平洋戰爭爆發之前，駐滬辦事處的工作處於半獨立狀態，部分業務受王雲五遙控。

由於全面抗戰爆發後，國民黨軍隊頂不住日軍的強大攻勢，且戰且退，國土一片接一片淪入敵手，商務印書館也喪失了不少分支館廠，資產損失嚴重，1937 年未能進行年度結算，營業機構的獎勵金失去來源。為了鼓勵營業人員在艱苦的環境下搞好業務，王雲五於 1938 年 2 月制訂了上海發行所及各分館解款暫行考覈辦法，要點如下[10]：

一、考覈每年分為三期，每四個月為一期；

二、每期由總管理處按各該營業機構之過去與今後情勢，規定其營業及解款之標準數；

三、每期終了時，某機構之營業實數均超過標準者，由總管理處對其一部分或全體人員加給薪水半個月至一個半月。

王雲五稱，「此辦法施行以後頗著成效」。這份「暫行考覈辦法」將上海商務機構也包括在內，由此可知，王雲五在香港時期，對上海「孤島」中的商務機構還保持著一定的遙控權，駐港辦事處實際上起著商務印書館總指揮部的作用。但由此也造成一些誤解，不少商務舊同人回憶抗戰前期商務印書館業務時，以為總管理處設在香港或以

10　王雲五：《商務印書館與新教育年譜》，頁 694。

「商務總部」籠統稱之,甚至記敘香港商務印書館的專文對此也有含混其詞之處。例如,有的文章說:「抗戰之初到香港淪陷之前,商務總部播遷香港,印刷和出版極一時之盛。但主要是作為烽火中國內陸的圖書供應基地,以本地為主的出版仍舊薄弱。[11]」其實,商務印書館在香港既沒有總管理處名義,也沒有總館或總部的名義。王雲五在香港仍勉力行使總經理獨任制的職權,為「實業救國」出力,因而駐港辦事處實際上代表了商務印書館的「正宗」,在抗戰事業中發揮了在滬董事會和駐滬辦事處無可取代的作用。

由於日軍侵佔了中國大片領土,造成抗戰後方的交通阻隔,在香港印刷的書籍運往內地難度很大。考慮到中小學教科書使用量極大,王雲五指令商務印書館設在重慶和贛縣的兩家工廠印刷教科書,供應附近各省區學校使用。大學用書、工具書和其它讀物,大多在香港編輯出版,然後間道輸入內地,但運費昂貴,管道不暢通。王雲五摸索了多條通道,想方設法把商務港版書運抵目的地。

起先,商務港版書輸入內地後方,以越南的海防為中轉站,因為那時的越南受法國殖民勢力控制,日軍不便干預。運抵海防的書籍先存放於當地官辦的倉庫,然後相機分批經滇越鐵路運入中國內地。但海防的公倉管理紊亂,將後到的書堆放在先到的書之上,待有車皮時,管理員往往不按單發貨,圖方便將上面的書發運,以至有些書成年累月積壓在倉庫裏。法國受德軍侵略後,無力顧及越南,日軍乘隙而入,商務印書館存放在海防的數百種港版書遂損失殆盡。

---

11 李祖澤、陳萬雄:〈八十年代的香港商務印書館〉,見《商務印書館九十五年》。

由於粵漢鐵路南段與滇越鐵路先後被日軍控制，商務港版書轉而改由廣州灣經廣東南部運入內地。廣州灣係法國租借地，很少受日軍騷擾，但貨物經過廣州灣要交納包運費。書籍從廣州灣運抵一水之隔的遂溪縣寸金橋，再經陸路內運，由於公路被戰爭嚴重破壞，內運費用很高。另一條途徑是從沙魚湧把書運到廣東東部，風險較大，運費也因風險大而提高。

為了方便運書，節約開支，王雲五充分發揮了他的聰明才智，採取了若干變通措施。措施之一是從版式上著手，壓縮商務港版書字裏行間的空距，儘量減少頁面的空白，「於是一面大小相同之書前此僅能排五百字者，現在排一千字上下，如此便可減省紙張半數；又每面之天地頭平時空白甚多，戰時重版各書，未經重排者，均將天地盡可能減縮，如此約可減紙張十分之一二[12]」。第二條措施是控制各種書籍的印量，「寧使重版之機會較多，不使因多印而滯存過久，依此辦法，又可減用紙約三分之一[13]」。措施之三是從印書的紙張上想辦法。普通報紙每令 500 張，重 45 磅至 50 磅，印度米紙重量減半，但價格很高。王雲五認為這兩種紙或分量重、或價格貴，都不宜用作印製商務港版書的原料。他發現有一種用於裱糊硬紙版內層的礬紙，每令僅重 20 磅至 24 磅，售價低於報紙用紙，試用於印書，居然還能應付過去，「於是就市面收購，將工具書如《辭源》合訂本及各種字典、辭書等，大部叢書如《萬有文庫簡編》等，皆利用此種紙張印刷[14]」。僅此一項變通辦法，便減少港版書運量一半，運費相應也節

12　王雲五：〈戰時出版界的環境適應〉，見《旅渝心聲》。
13　王雲五：〈戰時出版界的環境適應〉，見《旅渝心聲》。
14　王雲五：〈岫廬八十自述〉，頁 247。

約了一半。措施之四，空運樣書到後方翻版。空郵快捷安全，沒有陸運書籍擱滯失散之慮。那時空運還不十分發達，所以空郵不收寄普通貨物，書稿則允許付郵。於是王雲五鑽了個空子，用輕薄型紙張印樣書，「以航空紙型之名陸續寄至渝、贛二廠，至今高中教科書紙型得以完全無缺，與一部分工具書及一般用書得在後方重版，皆賴此項航空紙型之力[15]」。通過多管齊下的改良與變通措施，港版書內運問題得到了較為妥善的解決。

抗戰時期維持出版業比平時困難得多。經費周轉不靈，讀者興趣轉變，是王雲五面臨的兩個新的難題。保證商務印書館有所盈利和新書適應時勢需要，是王雲五必須考慮的出書原則。據此，他對商務印書館的出版計劃作了較大幅度的調整。自從王雲五擔任編譯所所長起，他便開始把編印中小學教科書為主的出版方向逐漸轉向出版其它讀物為主，叢書、文庫之類的大部頭系列圖書相繼問世，頗為暢銷。全面抗戰爆發後，讀者購買力下降，而且很少有人能定下心來研讀學術著作，過多編輯出版成套的大部頭書，勢必滯銷。王雲五審時度勢，及時調整出版重心，他對戰時出書原則作了如下的說明：

我便把過去幾年推行業已收效的出版方針為適時的修正，就是回覆到以教科書為主的地位；但是附有三種條件，一是所謂教科書仍擴大到大學的範圍，二是對於適應戰時的一般用書，仍盡可能充分編印，三是在物力許可之下，較大部的出版物仍然繼續印行[16]。

所謂「回覆到以教科書為主的地位」，實際上就是重印商務印書

15　王雲五：〈戰時出版界的環境適應〉，見《旅渝心聲》。
16　王雲五：〈岫廬八十自述〉，頁 248。

館過去編印的教科書，這是因為戰時編輯力量有限，重新組織人員編寫教科書不很現實，而中小學教科書穩定性較強，重印即可應付所需。至於《大學叢書》，以香港為出版中心時期銷路較好，售書數大致與戰前持平；商務重心轉到重慶後，出版量有所下降，因為政府部門組織編寫的大學用書陸續出版，商務版的《大學叢書》逐漸被替代。

對於「適應戰時」的讀物，王雲五首先抓緊戰時補充教材的編寫，很受後方中小學的歡迎。在此基礎上，王雲五又調動編輯力量，及時出版其它各類與抗戰有關的叢書，力求通俗易讀，面向普通讀者，如《戰時常識叢書》、《民眾戰時常識叢書》、《抗戰小叢書》、《抗戰叢刊》、《戰時經濟叢書》、《大時代文藝叢書》、《小學生戰時常識叢書》等，每一套抗戰叢書，少者 10 冊，多者數十冊。在這段時間裏，商務一改過去小心翼翼地避開敏感政治問題的做法，出版抗戰讀物相當積極。抗戰是一場關係民族生死存亡的戰爭，王雲五本人又是國民參政會的成員，發揚民族正氣，為中華民族抗戰大業搞好出版事業，是有良知的中國出版家義不容辭的職責。在這一點上，王雲五的政治表現是值得肯定的。

商務港版抗戰讀物中還有一種是面向初識文字的讀者的，即《時代知識小冊》，一題一冊，分量不超過 4000 字，盡可能使用最常用的 1000 個漢字，超出此範圍的用字均附注音和釋義，每冊售價僅一分半。第一輯 500 冊合訂本於 1940 年出版，售價 5 元。第二輯已集稿排印，因香港淪陷未及發行。在如何「適應戰時」的問題上，商務這家老出版社再一次顯出其與眾不同的編輯眼光。

在香港，王雲五同蔡元培交往頗為密切，直至蔡元培去世。王雲五曾撰寫紀念文章《蔡先生的貢獻》，發表於 1940 年 4 月印行的《教育雜誌》（第 30 卷，第 4 號）和《東方雜誌》（第 37 卷，第 8 號）上，對這段交往有較翔實的記敘。去臺灣後，王雲五又撰寫《蔡孑民先生與我》，刊載於《傳記文學》，第 2 卷，第 2 期，後收入《談往事》一書，在《岫廬八十自述》中也用了相當篇幅追憶了這段往事。這些文章，是研究蔡元培最後兩年多生活的珍貴史料。

1937 年 10 月，71 歲的蔡元培由周子亮、丁西林陪同，離滬赴港，打算在香港休息幾天，恢復體力後即赴內地主持中央研究院工作。由於蔡元培體弱多病，遂決定暫時不去內地，在香港多休養一段日子，住進商務印書館的臨時宿舍，地址在跑馬地崇正會館三樓。這層樓面被商務印書館租賃，供外來職工住宿，王雲五和自滬來港的若干名編輯也住在這裏。據王雲五回憶：「蔡先生在宿舍內與我相處約三個月，晨夕有暇，我和他暢談今古，無所顧忌，蔡先生語多精闢，我皆擇要記敘於日記中，不幸在太平洋戰爭發生後，因我適留重慶，家人避走他處，寓中所存八九年日記均被焚毀。[17]」次年 2 月，蔡元培因夫人偕女兒自上海來香港，舉家遷至九龍租房居住。王雲五每周渡海拜望一次，與蔡元培聊天並探問有何事需要幫忙辦理，「時蔡先生目力漸弱，然仍不廢讀，我乃擇由上海攜來木版大字本書借供消遣，蔡先生閱畢，輒交商務同人攜回，另行易取他書。每書閱畢，有意見輒函告我[18]」。

17　王雲五：〈蔡孑民先生與我〉，載臺灣《傳記文學》第 2 卷第 2 期。
18　王雲五：〈蔡孑民先生與我〉。

蔡元培居港期間仍勉力「遙領院務」，用書信方式指點中央研究院的工作，平日則深居簡出，過著半隱居的生活。此間，蔡元培對外界寫信時常以「周子餘」署名，這是因為他的夫人姓周，而化名暗含「周餘黎民，靡有孑遺」之意，與他的號「孑民」意義相通。這段日子裏，蔡元培在香港僅作過一次公開演講，即 1939 年 5 月 20 日在香港聖約翰大禮堂舉行的美術展覽會，由香港大學發起主辦，中外名流畢集，王雲五擔任蔡元培演說的英譯。蔡元培作這次公開演說，隱含與在港各界人士告別之意，他想不日即去內地大後方工作，但突然患上感冒，體力極度衰弱，醫生斷定其身體狀況不適於飛行，只能居港調理休息。1940 年 3 月 3 日，蔡元培在寓所失足倒地，第二天被送入香港養和醫院，確診為胃出血，搶救無效，於 3 月 5 日上午 9 時許去世。在蔡元培被送往醫院途中及進醫院搶救期間，王雲五與蔡夫人等陪同護理，並隨侍病榻。蔡元培的喪事借香港商務印書館辦理，王雲五實際操辦其事，並承擔治喪費。3 月 7 日，蔡元培遺體在香港摩理臣山道福祿壽殯館入殮，王雲五致送輓聯一副「百世導師精神不死，半世知己印象永留。[19]」

自從民國建立之初蔡元培破格進用王雲五起，蔡、王兩人忘年交的情義頗為深長。王雲五創制四角號碼檢字法、中外圖書統一檢索法，蔡元培均撰文為之宣傳。王雲五主持編寫《大學叢書》，蔡元培欣然應邀，領銜叢書委員會。王雲五在商務印書館一度待不下去，蔡元培允許他擔任中央研究院研究員，並為此專設一研究組。即使王雲五年輕時曾成為教育部的矛盾焦點，矛盾的激化使教育部處於癱瘓狀

---

19 香港《大公報》，1940 年 3 月 24 日。

態，後來在禁毒員任內因經濟問題又引起輿論譁然，蔡元培都以提攜後進的態度寬容待之，不置責言。王雲五待蔡元培如待恩師，言行舉止無不體現出恭敬欽佩之意，寫文章提到「蔡先生」之處，時常流露出感恩之意。蔡元培生前清貧簡樸，他去世後家屬生活很困難，尤其抗戰後期物價飛漲，難以維持生活。王雲五在其家屬生活困難時，多次給予資助接濟。

在港時期，王雲五十分關心抗戰局勢，他本人是國民參政會成員，每年飛赴內地參加有關會議。1941 年 11 月 13 日，王雲五與在港參政員約 10 人，飛赴重慶，出席國民參政會會議，沒想到這一去他的工作重心便轉到了重慶。11 月下旬，國民參政會會議已結束，王雲五去成都看望在那裏讀書的兩個兒子，順便指導成都商務分館的業務。他原定 12 月 5 日返港，因同行的友人有事，遂改為乘坐 12 月 8 日上午 10 時起飛的飛機。這天清早王雲五一出門，「見街上遍貼紅綠紙條，和遍街報販叫賣的報紙號外，皆稱昨夜日本軍隊已向香港及珍珠港空襲」，太平洋戰爭爆發了[20]。王雲五慶幸自己未於 5 日返港，避免了一場災難，但為留居香港的妻子兒女擔憂。他描述了當時複雜的心情：「我平素對於家人情感尤深，一旦遭此意外，初時不免難過萬分。但經過半小時的思考，我便毅然決斷，置思想之念於腦後，認為凡事非我所能為力者，只好聽之於天。[21]」這種典型的事業型人物的思考方式，使王雲五暫時顧不上家人安危，隻身留在重慶，籌畫商務印書館工作重心轉入重慶的有關事宜。與此同時，王雲五多方打探，得知家眷及時避居親友家中，才稍微放心。半年後，王雲五

20　王雲五：《岫廬八十自述》，頁 104。
21　王雲五：《岫廬八十自述》，頁 327。

的家眷輾轉抵達重慶，告以日軍曾在香港搜捕過他。王雲五回顧道，聽了家人講了歷險情形，「始悉在香港全部淪陷前數日，日軍已先自筲箕灣登陸，進至距該地不遠之商務書館工廠，即威脅員工引導來我家，其目的在搜捕我」。在描述這場歷險記時，王雲五還提及其資產情況。上海英租界和香港相繼淪陷，他個人蒙受了較大的財產損失：

我服務數十年，除上海有一自置之房屋及滬、港所存六、七萬冊書籍外，並無其它資產。唯在港數年，節衣縮食，儲存港幣七、八千元，在他人重視外幣之時，我卻於三十年（1941）秋間，以其大部分兌成法幣匯存重慶。及家人於香港戰時走避他處，寓所衣物盡遭劫掠，劫後入內地，所攜衣物極微薄，抵廣州灣後，沿途川資只得向商務各分館借墊。抵渝後，我幸於港戰發生前數月匯存重慶法幣二三萬元，除得以清還商務墊款外，於家人抵渝後尚有若干可供周轉之資。然自經此役，除家人均安全外，數年儲蓄遂罄[22]。

太平洋燃起戰火，入駐重慶，與滬、港聯繫中斷。擴建工廠，流通資金，獎懲嚴明，調控有方，再度中興商務，堅持日出新書一二種。日本侵略者視之為眼中釘，國人譽之為愛國出版家。

在決定留在重慶之後，王雲五立即通知撤銷商務駐港辦事處，在重慶設立總管理處駐渝辦事處及編審處，長沙總管理處的名義也隨之自動取消。隨著總經理王雲五的入渝，商務駐渝辦事處成了事實上的總管理處，儘管它對外仍稱駐渝辦事處。與此同時，由於英、美在太平洋戰爭爆發後對日宣戰，日軍進佔了上海租界「孤島」，王雲五與

22　王雲五：《岫廬八十自述》，頁338-339。

商務駐滬辦事處的聯繫隨之中斷。

當時商務駐渝辦事處和編審處都設在白象街原重慶分館內。此前，重慶分館曾一度遷到頗為熱鬧的都郵街，將白象街原館改作貨棧。1939 年 5 月 3 日和 4 日兩天內，日機猛烈轟炸重慶，都郵街的重慶分館和白象街的貨棧均中彈燒毀，留下一片瓦礫。待霧季日機空襲減少後，重慶分館在白象街原址修建簡易平房，恢復營業，駐渝辦事處和編審處暫且在簡陋的分館後院內辦公，工作條件很艱苦。當時作為作者去過那裏的姚楠回憶說：

編審部設在一間統廂房裏，除過道外，接連排著七、八張桌子，編輯們就在這裏工作。他們的辦公桌就像中學的課桌那樣大，最前面靠窗坐的是商務當時的編審兼《東方雜誌》主編蘇繼頃先生，最後面坐的是編輯主任張天澤博士。王雲五先生的辦公室在客堂後面，與編輯部有門可通，隨時可以到編輯部來檢查工作[23]。

對於自己的工作室，王雲五以「方丈之地」刻畫之，並自嘲為「方丈」，「就分館書棧房中以木板隔一小室，佔地僅一方丈。次日我即自旅館遷入，所以我的公私會客和起居都在這裏，許多朋友來看我，偶而說句笑話，我便自稱方丈，一因形式上所居為方丈之地」，二則與家人分居，獨自主持館務，「有如主持一所寺觀的和尚[24]」。遇空襲警報時，王雲五用棉被遮掩窗戶，點上一支蠟燭，繼續工作。王雲五甘願吃苦，甚至冒險堅持工作，除了與生俱來的個人奮鬥素質，以及解救商務事業於危難之中的責任心外，他的愛國熱情也起著重要

23　姚楠：〈回憶張天澤博士〉，見《商務印書館九十五年》。
24　王雲五：《岫廬八十自述》，頁 329。

作用。他在重慶的工作得到人們的好評。曾擔任商務重慶分館經理的張毓黎撰文提到，在渝的教育界人士對王雲五大多給予較高的評價：

他們對王總經理也有過實事求是的評價，認為王總經理是一個愛國者，是積極擁護全民抗戰的，在出版方面是一個有才能、有魄力的實幹家。希望他能堅持作為社會賢達的身份，多接觸群眾[25]。

籌措到一些資金後，王雲五利用白象街重慶商務分館原址，興建磚瓦結構三層主體樓房，底層作為重慶分館門市部，駐渝辦事處設在第二層，編審處人員在第三層辦公。在門市部隔壁有一幢新修建的小樓，其中兩間作為東方圖書館重慶分館用房。主體三層樓房後面有一條小路，兩旁各築一座二層樓房，樓下作為駐渝辦事處和編審處工作人員宿舍，樓上作為重慶分館辦公場所。二層樓再往後，築一座平房，一半用作分館貨棧，另一半是分館工作人員宿舍。王雲五起先在館內居住，後來另闢一處山上居所，往返於兩地。王雲五找到新的住處，同他步行鍛鍊的習慣有關。

王雲五平時喜歡以步行調劑體力，入川後逢星期天休假日，往往步行數十里，間或去重慶南岸汪山找孫達方閒聊。孫達方是張元濟的女婿，時任司法部法醫研究所所長，他的辦公處和寓所均在汪山上，上下山路由石級鋪就。那時，山頂有一所石牆房屋待售，孫達方勸王雲五買下。王雲五遂購得此房屋，作為貴重物品儲藏處，將商務印書館歷年出版的樣書以及重要檔、帳冊移入保存。1942年4月，王雲五的家眷抵渝後便借住於此，以看管重要資料的名義免費居住。自此

---

25 張毓黎：〈商務印書館總管理處遷渝時期的工作概況〉，原載《重慶出版紀實》（重慶市：重慶出版社，1988年版），轉引自《商務印書館九十五年》。

以後，王雲五平日在城中辦公，周末則返山居住，時常背著大包書物上下山，風雨無阻。沿途居民和轎夫都知道有這麼一個健步如飛「王老太爺」。

香港淪陷後，以香港的產品來支撐後方分館的戰時格局被迫中止。商務總管理處遷渝後，王雲五以重慶為根據地，重新布置出版和營業。他一開始遇到的最大困難是資金緊缺。重慶分館僅有 13 萬元法幣的現款，尚不抵重慶分館廠一個月的開銷。抗戰以前，商務在滬的總館廠實力相當雄厚，而且有 40 多處分支館廠分佈於海內外，資金來源廣泛。抗戰初期，商務在各地資產損失嚴重，但港、滬兩地館廠還有一定實力。香港和上海租界相繼陷於敵手之後，商務駐渝辦事處的經濟來源只能依靠後方尚有聯繫的 10 多個分支館，甚至失散的商務出版物也指靠這些分支館提供。

決定留渝工作的當天，即 1941 年 12 月 8 日，王雲五便向後方各分支館拍發電報，告以總管理處已移設重慶，急需各分支館辦理兩件事，「一為估計一星期內及本月可以儘量解交重慶總管理處之款項，一為各該館現存圖書各保存兩部，限期開單報告總管理處，以備調充重版之書樣」。各分支館紛紛覆電，「力表忠誠，並報告可能之解款數[26]」。由於 10 多個分支館及時解款，駐渝辦事處的經費困難得到暫時的緩解，此後的生產費用可望逐漸從營業所得中求取平衡。其時，國民政府也注意到商務印書館出版重心移渝一事，一再表示願意幫助王雲五解決經費困難。蔣介石先後派參政會秘書長王世杰及軍事委員會幕僚陳布雷前往慰問，「表示如有需政府協助之處，政府極願為

26　王雲五：《岫廬八十自述》，頁 328-330。

力。陳氏並言商務書館如需款以策復興，無論用何方式，盡可依我的意見提出，蔣先生無不極力成全[27]」。王雲五向陳布雷表示不接受政府無償補助，但同意必要時接受四聯總處 300 萬元貸款。由於商務印書館沒有足夠的資產作貸款擔保，財政部長孔祥熙提出變通辦法，即以王雲五個人資格為擔保人，遂獲四聯總處討論通過。這種東方式的人格擔保缺乏法律的約束力，從四聯總處的貸款手續上來說是「破天荒」的，但從中可以看出，陪都政府切望商務印書館在戰時文化出版事業上盡快發揮更大的作用，並相信王雲五會信守信用。後來王雲五經營得當，商務印書館靠營業盈利克服了經濟困難，這筆貸款沒有動用。

王雲五解決資金困難的舉措之一，便是極力調劑各地分支館貨物，互通有無，物盡其用。其時，商務印書館尚存書物的大致情況如下：從東南淪陷區撤退的分支館還有一些存貨。贛縣分廠從 1940 年才投產，發放給鄰近地區分支館的主要是近些年印行的書，沒有積壓存貨。西安分館經營情況良好，又增設了漢中支館，由於圖書銷路較好，存貨也不多。重慶、成都、貴陽等地的分館均遭到過日機轟炸，書物損失慘重。桂林、昆明兩分館，多年來充當商務港版書運入內地的中轉站，積存書物較多。根據上述情況，王雲五電令後方各分支館於 1942 年 1 月 10 日之前，切實盤查 1941 年銷數及存貨，將清單寄交駐渝辦事處，超出規定數額的存貨轉撥鄰近存貨不足的分支館，「至於內運停滯之貨物，與疏散暫存之貨物」，先集中於合適地點，再派人清理，重新分配給各分支館。通過合理調劑，在幾乎不追加資

---

27 王雲五：《岫廬八十自述》，頁 330。

金投入的情況下，使積壓於各棧房或在某些地區滯銷的書籍，運到切需的地區，很快就銷出了。

　　擴建印刷廠、提高生產能力，這是搞好後方商務印書館長期經營必須解決的問題。總管理處遷渝時期，商務在後方的生產主要依靠重慶、成都、贛縣三地的工廠。重慶分廠原址在離白象街不遠處的禹王廟，設備簡陋，僅有排字和鉛印設施。1940 年重慶分廠被日機炸毀，排字設備遷往沙坪壩，印刷設備遷往南岸夜花園。王雲五駐渝辦公後，在江北溉瀾溪建造平房，將排字和印刷合併一處，添置了一些機器設備，將圖書裝訂工作外包給館外企業。據分館經理張毓黎回憶說：「此時製版有鑄字、中外文排字、校對、紙型（全部手工操作）。印刷有全張米利機和大印機各一架（炸後修復的），新購對開機四架及腳踏機五架。重慶分廠最盛時期約有職工一百三四十人，裝訂部分則委託當地工廠承辦。[28]」據重慶分廠廠長宣蘆回憶，重慶分廠在1943 年每月可排 400 萬字，鉛印書籍需用 2000 令紙張[29]。

　　王雲五認為，重慶分廠之所以能夠承擔起生產重任，除了添置機器外，主要是推行了企業的「科學管理法」，重點在於嚴格獎懲，注重效率優先。在他指導下，分廠「參酌機器與環境情形，就上海工作標準予以調整，規定渝廠工作標準，並訂定獎勵辦法，凡生產超過標準者，分別予以獎勵」。王雲五還注意生產環節的合理銜接，使各道工序流暢配合。與此同時，王雲五還試將四角號碼檢字法用於排字，試驗結果排字速度提高了 50%。王雲五堅信，四角號碼檢字法運用

28　張毓黎：〈商務印書館總管理處遷渝時期的工作概況〉，原載《重慶出版紀實》（重慶市：重慶出版社，1988 年），轉引自《商務印書館九十五年》。
29　據張毓黎在〈商務印書館總管理處遷渝時期的工作概況〉一文中轉述。

於排字，佐以改進培訓方式，必將使排字工作的狀況得到根本性的改觀。他在介紹這一經驗時說：「於是我便從事中文排字改革的研究，其結果把三年訓練的時期縮短為兩個月，而且把平常字架每人所需鉛料八百二十磅，減至三百五十磅，人力、物力均可大減。」他在《東方雜誌》上發表了《中文排字改革的報導》，以期大規模推廣他的又一項發明。但是，部分工人感到四角號碼檢字法不容易掌握，而且字架重新排列頗費周折，新的排字方法也需要從頭學起，因此，王雲五的這一發明未能廣泛運用於生產實踐。

商務成都分廠是王雲五來渝後才開設的，起先只是一家搞「化學翻印」的試驗工廠，即設法用石印機翻印書籍。當時商務圖書的重版任務很重，教科書有紙型，而其它的書則最多只有一本樣書，後方的排印能力本來就不大，在這種情況下，就只能影印了。商務的影印技術在同行中原是首屈一指的，但四川沒有先進的影印設施，王雲五只能嘗試著用石印機、翻版機來影印。在工人和有經驗的技術人員的反覆摸索下，這項試驗居然成功了，於是就正式投入生產，這家試驗翻印技術的工廠隨之改稱為商務成都分廠。成都分廠的規模不大，職工僅 20 餘人，尚能應付商務印書館翻印圖書的需要。抗戰勝利後，成都分廠併入重慶分廠。

江西的贛縣分廠實力稍強，職工大多來自上海，產品以中小學教材為重頭，兼印工具書和其它書籍，供應東南地區。1944 年，贛縣分廠受戰事影響遷往福建連城，改稱連城分廠，自此至抗戰勝利，因與重慶交通斷絕，仍以商務的名義自行發展業務。1946 年連城分廠停辦，人員和設備皆遷調回上海。此外，在邵陽還有一家小規模的印

刷廠，由王雲五派專員常駐督導，承印商務印書館產品。

重慶、成都、贛縣（連城）三家工廠，機器設備的品質與數量都遠遠不及滬、港兩地的工廠，卻承擔起商務印書館在抗戰中後期4年的生產任務，的確是很不容易的。

總管理處遷渝後，商務印書館在後方的生產和營業經過苦苦掙扎，逐漸走出困境。王雲五時常以「復興中華」為號召，職工們的愛國熱情轉化為生產動力，他們具有高度的責任心，這是商務印書館在後方堅持下來並不斷發展業務的重要因素。此外，商務印書館在生產方面有一批技術過硬的骨幹職工，他們因地制宜，因陋就簡，勇於革新，使落後的機器設備發揮了最大的效能。王雲五本人在新的環境下，繼續推行他的「科學管理法」，宏觀調控，井然有序，也是商務事業在後方復興的原因之一。他承認，在重慶翻譯《蘇聯工農業管理》一書過程中，吸取了其中可以借鑒的經驗，運用於駐渝時期的管理工作，但堅稱他本人在抗戰前已經有效地推行了「科學管理」，在該書譯序中他寫道：

上述按實際的產量與成本對計劃的產量與成本之差額，而定獎勵多少有無之辦法，筆者近年曾創行於商務印書館在後方之各工廠與營業機構，而在筆者創行此法時，固未嘗知蘇聯之已習行而收效也。

書籍出版後能否打開銷路，這是出版家最為關心的問題，但對那時的王雲五而言，卻是不成問題的問題。抗戰時期，後方圖書總的供需情況是供不應求。圖書好銷有以下幾個原因。大量學校內遷，非但需要足夠的教科書，學生們還渴望讀到各種有益的課餘讀物。文化教

育界人士不願在日偽統治下忍辱苟活，紛紛長途跋涉來到後方，他們很需要閱讀專著和高品位的書籍。此外，與抗戰有關的書籍，包括分析國內外形勢的著作，對社會各個層次都有吸引力。與各方面切需眾多讀物形成反差的是，後方出版機構的編印力量普遍薄弱，無論設備、技術職工，還是高水準的編輯，都處於緊缺狀態。商務印書館的諸項條件雖然遠遠不及戰前，但在後方各出版機構中仍然擁有相對優勢，而且作為出版界巨擘的聲望還在，所以商務出版的書是很受各界歡迎的。王雲五個人的能力，在戰時出版業務中也起著不可或缺的作用。具有經營頭腦的王雲五，既是出版家，時常策劃出版適應時需的新書；又是出版商，特別重視資金的快速流轉。他要求各分支館營業部門把圖書分類陳列，力求醒目；銷售人員務必待客熱情，主動介紹圖書的內容和特色；售缺的圖書，如遇顧客需要，應主動請他們寫下書名和通訊位址，及時回函答覆有關情況……銷售人員的收入，視售書量大小而浮動。由於要求嚴格，獎懲分明，各地分支館銷售人員無不積極開動腦筋，爭取多銷書，快銷書。各分支館生意普遍興隆，商務版圖書銷量在後方席居首位。王雲五還對各分支館的營業解款也制定具體辦法，據上交款額多少和及時與否，給予集體的獎懲。

　　王雲五抓住一切機遇發展生產，幾乎到了「無孔不入」的地步。1945 年 6 月，阮毅成從抗戰前線來到重慶開會，乘暇去白象街拜訪王雲五，提及自衡陽淪陷後，交通被日軍阻隔，他在前線想看重慶出版的新書而不可得，感到遺憾而無可奈何。這原是略帶恭維的客氣話，王雲五卻不失時機地說道：「商務在福建省連城縣有一個小單位，兄如可為商務帶去新書的紙型，就可以在福建印刷並且發行。不

但可以滿足東南各省人士的需要，還可以行銷到敵後，發生廣大而深遠的宣傳作用。」阮毅成不便推辭，遂攜帶多種樣書，先空運，再轉陸路，經過南平時交給商務聯絡人員，這些書遂得以很快在福建印行[30]。阮毅成只是順便談起自己想讀幾本新書，王雲五便「曉以大義」，達到「公私兼顧」的銷書目的，其為人處事之機敏善斷，的確超過普通的出版商。

商務總管理處雖說隨王雲五移駐重慶，但只是個名號，許多日常事務實際由駐渝辦事處負責處理。王雲五「駐節」重慶後，駐港辦事處人員陸續赴渝，商務印書館協理史久芸常駐駐渝辦事處，處理後方日常館務。後來商務印書館代經理李伯嘉也從香港來到重慶，分擔了部分駐渝辦事處的負責工作。駐渝辦事處業務的具體分工為會計吳度均、出納計宜初、運輸穆華生、文書許季芸、貨棧黃秉桓，他們都是商務印書館各部門的老骨幹。王雲五將史久芸和李伯嘉的工作僅僅說成對他本人工作的「協同」，但也承認自 1943 年起他倆承擔了商務駐渝辦事處的大部分管理工作，使他得以逐步從館務中脫身，參與政治活動。王雲五以居高臨下的口吻敘述道，自 1943 年起，「我只需主持大體和計劃，其它瑣事均不必躬親主持，於是便有餘暇，可為國家從旁協助[31]」。1943 年 1 月 2 日，他以國民參政會經濟建設策進會滇黔辦事處代主任的身份，赴昆明協助雲南省政府從事限價工作，一月後交卸返渝。同年 11 月，經國民參政會推舉，他參加訪英代表團，出國訪問 4 個月。在此期間，館務由史久芸、李伯嘉總領。

---

30 阮毅成：〈敬悼王雲五先生〉，載臺灣《傳記文學》第 35 卷第 3 期。
31 王雲五：《岫廬八十自述》，頁 339。

在渝編審處原有編審員張天澤、黃覺民、譚勤余、蘇繼廎，復閱人員丁敏士、喻飛生等，出版工作由徐庶昶分管。後來編審處主任張天澤與王雲五意見不合，離職去國民黨政府中央設計院工作，編審處主任一職由蘇繼廎代理。辭職的還有編審員譚勤余，黃覺民則調任成都分館經理。1943年，編審處招進有兩年以上工作經歷的畢業研究生4人，起用了一些年輕人，王雲五的兒子王學政、王學哲也編輯過《健與力》和《學生雜誌》。編審處在渝期間人員變動較大，總體情況是人數不多，但效率極高。在渝編審處人數最多時十餘人，最少時五六人，老資格編輯更少，卻能應付編書、審稿、辦雜誌等多項工作。其時，編審處以編改外稿為主，自行編寫的任務大為減少，不必使用大量編輯。由館內編譯書稿為主到向社會上組稿、審稿為主，商務印書館編輯工作重點的這一轉變，是王雲五在30年代初決意改革原先過於龐大的編譯所的成果。這是在渝編審處規模小的第一個原因。第二個原因則是不再需要投入大量編輯人員編寫各類教科書了，這是教材出版形勢變化所產生的影響。

國民政府早就計劃逐步規範教科書的出版，於1932年6月設置國立編譯館，不久便對「民間出版」的教科書規定了初審、複審、終審的三審程序，除了在政治上強化對中小學教學的控制外，另一方面也含有提高教科書品質的用意。教育部於1935年5月設立中小學教科書編審委員會，目的是編輯審定中小學各科標準教科書，中小學教科書改用「國定本」已是必然趨勢，因而商務印書館在抗戰前期只是印行原有的商務版教科書，不再編寫新版教科書。1942年，教育部長陳立夫兼任國立編譯館館長，規定中小學各科教科書由商務、中

華、正中、世界、大東、開明、交通七家書局聯合刊行。商務印書館的李伯嘉出任國定本中小學教科書聯合辦事處主任。此後，中小學教科書的選用、編審諸權進一步集中到國立編譯館，商務等民間書局則奉命「聯合刊行」，沒有必要也不被允許編寫中小學教科書了。對於大學用書，政府原先不加干涉，後來逐步控制，直到規定部定大學用書。1939 年教育部設立大學用書編輯委員會，明確大學用書的編輯方法，甄選各出版社已印行的大學用書，審定合格並徵得原著譯者同意後酌加修訂，作為部定大學用書；同時，向社會公開徵稿，特約各學科專家編寫[32]。1942 年起，大學用書歸國立編譯館統一管轄。政府控管大學用書，王雲五對此不表異議，但對商務印書館率先組織編寫《大學叢書》之功，不甘被埋沒。因此，他對大學用書從民營到官辦，自有一套解說：

《大學叢書》係我在「一.二八」後，商務書館經過了創深痛巨而復業，不自揣度，竟與全國學術團體聯繫，創編為供大學課本及參考之專門著作三百餘種，五年之間，已編印出版者約占三分之二弱。抗戰驟起，在香港時期，仍繼續出版，及三十一年（1942）以後，重心移至重慶，……每年新出版者平均十餘種，重版重印者約倍之。自商務創編《大學叢書》以後，國立編譯館繼起而有部定大學用書之編輯，經營數年，自三十一年（1942）起，稍具規模，乃分交各大書局印行，商務雖已編印《大學叢書》多至二百餘種，然對於政府之措施，仍願極力讚助，經商定承受文、理、醫、商四學院之部定大學用書，其負擔占全部之半[33]。

32　李華興主編：《民國教育史》，頁 493。
33　王雲五：《岫廬八十自述》，頁 341。

從這段引文可知，商務印書館在印行部定大學用書方面承擔了很多工作。雖然部定大學用書已經陸續出版，王雲五並沒有停止《大學叢書》的編印工作。在渝期間，商務印書館印行舊版《大學叢書》約30種，年均新出版《大學叢書》10餘種。新版大學用書需經商務編審處審改稿件，花費了編輯一定精力。

由於中小學教學用書已由官方包辦，大學用書也受到官方嚴格控制，自行編寫教材之途不再暢通，於是王雲五在中學生課外讀物上繼續開動腦筋，打算編印《中學文庫》。1943年2月下旬，他撰寫《印行中學文庫緣起》一文，歷數商務出版的適應於中學生課餘閱讀的書籍，除《萬有文庫》和抗戰時期編印的部分書籍可供中學生選讀外，20年間特別適合中學生的商務版讀物有「《百科小叢書》、《少年史地叢書》、《新時代史地叢書》、《學生國學叢書》、《少年自然科學叢書》、《中學生自然研究叢書》，及農、工、商、醫、算學各科小叢書，合計不下五六百種」。王雲五決定，從《萬有文庫》和抗戰時期出版物中精選部分優秀作品，並增補其它適應抗戰時勢的讀物，彙編成《中學文庫》。王雲五在《印行中學文庫緣起》一文中作了如下說明：

茲為償餘夙願，並應教育界迫切之需求，特就其中選取最適於中學生程度者四百冊，彙刊為《中學文庫》。其取材之源有四：一為教育部就《萬有文庫》第一集原選之第一輯中學生參考用書；二為其後續出《萬有文庫》第二集中適於中學生之讀物；三為抗戰以來出版適於中學生之其它書籍；四為最近三年間在陪都出版有關抗戰及國際新

形勢，而為中學生所當讀之書籍[34]。

經由王雲五和商務編審處人員共同努力，《中學文庫》的選輯工作很快就完成了，其作品來源於《萬有文庫》一、二集者占三分之一，來源於全面抗戰開始後的商務版其它讀物占三分之二，其間含有「厚今薄古」和適應時需之意。《中學文庫》於 1943 年 7 月發行，全套共 400 種，半年間行銷 4000 餘部。其時，全面抗戰已進行了整整 6 年，民生極苦，社會購買力極其低下，大部頭書如此暢銷，實屬罕見。

在王雲五主持下，商務印書館在重慶堅持每天出新書一二種。這種不凡的出版成就首先得益於外稿踴躍和編審人員的苦幹。商務聯繫的專家學者及其它各類作者數以千計，稿源極豐富。對於知名度高、學術精深的專家來稿，編審人員通常不對專業內容再作加工，而將改稿注意力放在文字修飾上，加快了審閱稿件的進度。《東方雜誌》等刊物很受讀者歡迎，稿件很多，需要及時決定取捨，選用的文稿要作細緻修改，工作量很大。商務編審人員不怕苦累，常常超時工作，保證刊物及時發行，其奮發精神和工作效率確是很令人欽佩的。其次，王雲五的經營魄力也起了相當的作用。對於一些專深的學術著作，即使銷路未必看好，王雲五明知虧損，仍然果斷拍板。在新加坡從事過編輯工作的姚楠，因日軍登陸馬來半島，避赴重慶，到南洋研究所任研究員。他是南洋史專家，他的專著《馬來亞華僑史綱》和譯著《緬甸史》都屬於題材專深的學術著作，銷量不一定看好，但王雲五爽快地答應出版。1942 年到 1946 年，南洋研究所在商務出版的著譯達 10

34　王雲五：〈印行《中學文庫》緣起〉，轉引自王壽南：《王雲五先生》，頁 407。

余種，王雲五起了關鍵的作用，姚楠對此很為感激，他後來回憶說，當他將英國人哈威撰寫的《緬甸史》譯稿交給商務時，「蘇先生（繼廎）不敢決定能否出版，將稿送給王雲五先生審閱。不料王先生頗為讚賞，立即同意出版，並且關照張（天澤）、蘇兩位，今後對我們（南洋研究所）的著作一律開綠燈，不必交給他審閱。……所以我們和我們推薦的作品，沒有一本退稿[35]」。這本在抗戰時期初版的《緬甸史》，直到現在還是這一研究領域的基本參考書，由此也可窺見王雲五對於書稿的敏銳把握能力。

據徐有守統計，1937—1945 年商務印書館重要的新出版物有《公民教育叢書》、《比較教育叢書》、《景印元明善本叢書》、《戰時讀物》、《民眾基本叢書》、《戰時常識叢書》、《戰時經濟叢書》、《抗戰叢書》、《抗戰小叢書》、《中山大辭典一字長編》、《中學文庫》、《王雲五新詞典》、《國語新辭典》及《中國文化史叢書》和《大學叢書》有關書籍。商務印書館於 1941 年出版新書 1891 冊，總管理處遷渝第一年（即 1942 年），出版新書 3879 冊[36]。商務迭經變故，還是保持了國內出版第一的地位。王雲五善於應變，多方策劃，功莫大焉。1944年 11 月 18 日至 21 日，重慶《工商日報》連續刊載鄭君實撰寫的《經濟界的文化人王雲五》，系統介紹其為人與成就，給予極高的評價：

統而言之，王雲五氏可說是一個不世出的非凡的人，一個事業上的天才。在經濟界看，他是第一流的商人；在工業界看，他是科學管理專家；在學者看，他是百科全書；在國故家看，他是小學家；在文

35　姚楠：〈回憶張天澤博士〉，見《商務印書館九十五年》。
36　徐有守：〈王雲五先生與商務印書館──述介王著《商務印書館與新教育年譜》一書〉，載臺灣《東方雜誌》第 7 卷第 1 期。

化界看，他是保姆；在少年人看，他是工程師、發明家；在教育界看，他是前輩；在另一些老前輩看，他是白髮青年；在參政員諸公看，他是「憲政叔叔」；在國民外交看，他是和平使者；在日本人看，卻是眼中釘，但是個不倒翁；在他自己看，他是一頭野牛[37]！

如果我們不苛求讚美詞必須寫得恰如其分，那麼這段文字還是反映出了王雲五的才識廣博和多方面貢獻的。從青年從教起直到抗戰勝利，他數十年的成就遠遠超過他的不足和過失，尤其在文化出版事業上所做的努力和貢獻，留下了不可磨滅的印記；他的奮鬥精神和民族正氣，在抗戰時期得到充分體現，同樣是令人感佩的。

抗戰勝利，籌畫渝、滬兩地商務機構歸併。與張元濟函電辯駁，力主論功行賞，實欲重用親信。坦言「商而憂則仕」，決意棄商從政。在商務奮鬥 25 年，功大於過，名垂出版史冊。

1945 年 8 月 15 日，日本宣佈無條件投降，中國的抗日戰爭取得了全面勝利。在舉國歡騰、億萬民眾慶賀勝利之際，王雲五卻在為個人前途苦思冥想，舉棋不定。商務印書館已經取得國人公認的成就，作為出版家的事業到達了頂峰，還有什麼東西值得王雲五追求的呢？這山望著那山高，攀上那峰又不高。在他看來，如若繼續擔任商務印書館總經理，對於個人事業已經無所裨益。而且，抗戰時期商務印書館在各地的機構處於不同環境之下，情況複雜，戰後全盤整治極其麻煩，也極為煩瑣。有鑑於此，王雲五決計不再從事出版業。他認為，今後從政會有不錯的出路。在重慶時期，國民黨中央高層人物對他很

---

37 重慶《工商日報》，1944 年 11 月 21 日。

感興趣，他有望做「達官貴人」。但從政的官俸不高，他又有所顧忌，唯恐因此影響家人的生活。另一發展方向是投身學術研究。他學識廣博，聰慧過人，由博而專並非難事，加上寫作出手快，出版管道暢通，走名利雙收的學術道路未始不是一種現實的選擇。然而，做學問意味著長年累月坐在寫字臺旁，未免冷清了些。當官與做學問，一動一靜，一公一私，兩者不可兼取。王雲五描繪抗戰勝利之夜他兩為其難的心情時說，「數年以來，無時不盼望勝利復員，我即毅然擺脫商務責任，以免將來再陷於不能自拔之局勢。今幸時機已屆，不宜再有遊移。……今後面對兩條道路，一則從事政治，一則從事於學術」，「為個人計」傾嚮於學術，「為國家計」不妨投身政治，猶豫難決，「擾我之安眠，直至晨雞報曉，尚未能合眼也[38]」。

然而，迫在眉睫的問題是渝、滬兩地商務印書館如何合併。由於受戰局影響，王雲五與張元濟之間將近兩年未通音訊，因此首先要知道上海方面的大致情形。王雲五於 1945 年 8 月 16 日撰函致商務印書館董事會主席張元濟，詢問「滬處人事情況，現尚留何人？工廠是否開工？望傅卿詳告。滬廠財政狀況亦盼以大概具告」。數日後，王雲五又接連向張元濟發電報和信函，一則表明辭去總經理的決心，二則商議如何處理戰後商務印書館具體事宜，三則查詢駐滬辦事處是否參與承印淪陷區的教科書，因為重慶輿論界對此有所批評。得到覆函，王雲五感到有一個問題頗為棘手，即商務印書館部分機構參與過「五聯」承印偽組織核定之教科書事項[39]。這一事件會不會引起大的麻煩？那時王雲五和張元濟心中都沒有底，後來情況漸趨明朗，張元濟

---

38 王雲五：《岫廬八十自述》，頁344。
39 王雲五：《岫廬八十自述》，頁344。

同這一事件沒有什麼關係。

對於抗戰時期張元濟在上海所做的工作和「保持大節」，王雲五始終給予較高的評價。王雲五後來在《張菊老與商務印書館》一文中說：「上海的後方，賴菊老於不屈不撓之下，維持同人生計與殘餘資產，我輾轉派人返上海提供我對於淪陷地區保持大義之指示原則，亦獲菊老全部贊同與接受，迄於抗戰勝利之時，幸能保持大節，得與我在重慶所發展之聲譽相配合。」張元濟在抗戰時期非但做到大節不虧，而且在「孤島」上盡心竭力克服困難，「做出多方面應變措施，安排廠地，繼續生產，並保存大量印版和物資，勉力支撐危局，為抗戰勝利後總管理處的遷回上海準備條件[40]」。至於商務印書館在滬機構參與承印偽組織核定教科書一事，直接有關人員是商務駐滬經理鮑慶麟，與其它人極少牽連，此事在戰後也沒有對商務印書館產生實質性影響。據王雲五所述，在上海淪陷期間，許多企業，包括多數出版機構，都變更資本，向偽組織申請註冊，但商務印書館始終未變更資本，未變更註冊。所謂「五聯出版公司」承印偽組織核定之教科書一事，抗戰後輿論雖有所指責，但「涉及人商務駐滬經理鮑慶麟已去世，不了了之[41]」。

王雲五當時的心態是很矛盾的，對外，他不滿輿論過度指責此事，認為其中雜有同行借機打擊商務印書館的成分，因而他疏通當局，為商務駐滬機構說情、解釋。對內，他需要借這一事件擠走駐滬辦事處代經理韋傅卿，安插李伯嘉等追隨他的親信。於是，王雲五身

---

40 孝侯、公叔：〈經濟文章憶拔翁〉，原載《商務印書館館史資料》第 38 期，轉引自《商務印書館九十五年》。

41 王雲五：《商務印書館與新教育年譜》，頁 765。

居重慶，一面遙控駐滬辦事處的業務整頓，一面在人事調整問題上步步緊逼。他親手擬定的《駐滬辦事處辦事大綱》，分為人事、生產、營業、編輯、供應、財政、組織、機件生產、滬轄機構各項。關於人事部分的前兩條為：「（一）就目前在職者儘量利用，暫勿添人。（二）有附逆嫌疑者勿庇護，一律令其脫離公司。」組織部分明確規定：「（一）在總管理處未遷回以前，上海暫設駐滬辦事處，由李經理伯嘉主持。（二）滬處分組辦事及人員選任，先由李經理決定，再行報告總管理處追認通告。[42]」早在 1945 年 8 月 29 日，王雲五即派遣李伯嘉赴滬，負責處理上海館務，並擬將駐滬辦事處代經理韋傅卿調往重慶。與此同時，王雲五致函張元濟，希望他支持這一人事調動：

鮑慶林兄去世後，聞董事會為應付非常，推舉公司裏理韋傅卿君暫代本公司經理，現在李經理伯嘉已回滬主持，韋君暫代經理已無其必要，且就當前局勢觀察，為公為私，韋君亦以交卸其所代理之職為宜。……召開董事會時，由李董事伯嘉代表弟出席[43]。

張元濟連連回函，不同意解除韋傅卿代經理職。9 月 23 日，王雲五再函張元濟，以「五聯之事」為由，堅持韋傅卿必須去職，並且對韋傅卿得到提拔表示意外和不滿：

連奉九月一日及七日兩示……至於傅卿免代經理一事，關係頗為嚴重，實有不及久待之勢，在我公或以傅卿受命於最惡劣之環境下，應付煞費苦心，迄今得保全公司資產，其功不可沒，弟亦至表同情，且傅卿之由副科長而拔充裏理，實出弟意，弟於傅卿非不深知，更非

<hr />

42 王雲五：〈駐滬辦事處辦事大綱〉，轉引自王壽南：《王雲五先生年譜初稿》，頁 467-470。
43 王壽南：《王雲五先生年譜初稿》，頁 467。

不願維持，無如五聯之事，在公司處彼環境固屬萬不得已，然按國家政策，加以嫉忌本公司者之傾陷，局勢實至嚴重，幸以公司在後方之貢獻及弟個人之關係，經弟在此分頭解釋之後，風波漸息，唯以主持人更換為條件，故不得不暫屈傅卿以維公司[44]。

在「復員」階段商務如何用人這一問題上，王雲五與張元濟各執其辭，矛盾逐漸表面化。9 月 27 日，王雲五接到張元濟 9 月 16 日來函，對於張元濟在人事問題上不作讓步頗感不滿，遂於 28 日凌晨寫了 4000 餘字的長信，旁徵博引，必欲去除韋傅卿而後快，堅持主張以抗戰時期表現論功行賞，實質是要重用抗戰八年間追隨他的親信骨幹。信文中對韋傅卿展開了嚴厲的指責批評，論及他人他事，也多感情色彩：

抗戰期內，後方職工動輒以要求調回上海為要脅，而滬處人員之被調入內地者，亦幾無一人願意，即以傅卿而論，自港戰發生後，弟即迭電其經廣州灣來渝相助……然傅卿以省視家人為重，堅持須經滬來渝，函電久芸向弟懇求，實際上已置私事於公事之上，使此間同人咸發生不良之印象。及抵滬後，雖因慶林挽留，不復來渝，然公司最高當局之再三命令，置諸不顧，而聽命於慶林。以情節言，實等於抗命，以心跡言，亦由於畏難，抗令與畏難之人，置私事於公事之上之人，因緣機會驟獲超級之陞遷，其影響於在後方辛苦支持者之心理實最大，故傅氏經理與巧生等咸升協理之時，消息傳至，蔭普（原注：時方主持東南辦事處，在戰事緊張與危險之下應付裕如）迭有消極之

---

44 王壽南：《王雲五先生年譜初稿》，頁 472-473。

表示，幸弟曉以大義，始允繼續維持[45]。

在這封信中，王雲五還分別提到他認為應該重用的人物及其功績，「蔭普資格學歷遠勝於傅巧，港戰發生前同任襄理，一則不避艱險來後方致力，而仍屈任襄理；二則畏難留滬而升協理並代經理，不平之鳴亦人情之常。弟彼時所以曉諭者，以一切留待戰後論功行賞，堅持彼時不能以一地之特殊陞遷而有所效尤」。據此，王雲五將蔭普提升為協理，「調滬助伯嘉」。信中又舉一例，「勞苦功高，莫如久芸」（主持渝處），而僅「任協理位，在傅卿之下」。王雲五接著以主持者的命令口吻寫道：「擬請股東會修改章程，於總經理處原設二人，改為設副總經理一至四人。……伯嘉可勉任總經理，而第一名之副總經理當為久芸，次則蔭普，再次則為傅卿。」

若就事論事，王雲五本人及其追隨他的親信骨幹，在抗戰期間堅守商務後方陣地，這一點上是勞苦功高的。但王雲五過分強調論功行賞，非但「霸氣」過分壓人，而且染有其時接收大員的普遍心態——我等抗戰有功，理應論功行賞，到原淪陷區來消受權勢富貴之樂了。迫於王雲五的壓力，張元濟於 9 月 30 日的覆信中，全面退讓，代為韋傅卿申辯幾句後，表示同意調其赴渝，但借批評國民黨接收人員，巧妙地進行了反擊：

本月 16 日函報告董事會開會情形，當日伯嘉報告之後，全體一致，請兄以全權處理復興公司之事。……聯合出版，本係慶林任內之事，傅卿不過繼承，慶林確曾報告董事會，具載議案，此時若由董事

45　王壽南：《王雲五先生年譜初稿》，頁 473-477。

會開除韋傅卿代理經理，明是委過於人，弟於心殊覺不安，故與伯嘉再三斟酌，由兄來電，調其赴渝離滬。……此間情形甚為紊亂，號稱奉命而來者，不知凡幾，任意強佔民居，物價比日寇乞降之始，昂貴至一二倍，凡屬新貴，幾無不花天酒地，似此情狀，甚覺灰心，未知吾兄有所聞否[46]？

對於張元濟 9 月 30 日的信函，王雲五在《自撰年譜》中予以一論，認為在處理韋傅卿的問題上，張元濟重「情」，他本人重「法」。其實王雲五所謂重「法」的背後，是要重賞追隨他的人，何嘗不是私情？對於張元濟指責接收人員的胡作非為，王雲五以「愛國而富正義感」譽之，不去理會其中的弦外之音：

對於繼慶林後而代經理之韋傅卿，雖深諒其實迫處此，但不能不調職示懲。此項處分，因菊老不忍其無力抗拒而課以責任，完全著重一個「情」字，我則為辨是非，明正義，不能不注重一個「法」字，將其解除代經理之職，而調重慶任事，我之此一決定，卒獲菊翁諒解而照辦。至於有關接收人員之狂妄，與對敵偽處置之不盡合正軌，由於菊老之愛國而富正義感，其心情自可想見，經我去函解說，並曾反應其事於政府當局外，菊老嗣亦釋然[47]。

王雲五與張元濟在人事問題上雖然勉強趨於統一，感情上多少留下些許不快，加上商務高層經抗戰時期分離後復歸於一，必將有更多的麻煩。王雲五脫離商務的決心愈益堅定，在致張元濟的信中反覆表明無意繼任總經理。但是，王雲五和商務駐渝辦事處在戰後的聲譽極

---

46 王壽南：《王雲五先生年譜初稿》，頁 478-479。
47 王雲五：〈岫廬自撰年譜稿〉，見王壽南：《王雲五先生年譜初稿》，頁 478。

高，原淪陷區內商務各機構的情況尚有待調查核實，張元濟從商務印書館全域利益出發，堅請王雲五主持戰後規復事宜，遂於 10 月 7 日致函王雲五，告以滬上股東信心十足，商務股票狂漲，千萬不可在此時提出辭職，以致影響公司名聲：

> 九月廿八日來示，慮股東不免有如「一‧二八」後要求速開股東會之事，以弟觀之，此時情形，與前迴不相同。此間股東，對我兄之在後方維持擴展，竭盡能事，公司聲譽日上，股票漲至票面一百數十倍，信仰之不暇，安有他言。唯有一層，我兄將於同時提出脫離公司，此則必至演出臥轍攀轅之紛擾，不能不仰祈考慮[48]。

所謂「臥轍攀轅」，暗示王雲五若在此時撒手不管，將壞商務大局，公司前程堪憂。王雲五遂決定暫時不正式提出辭職，立即派出要員分赴商務各重要地點主持工作，以堵住外間流言。商務總館協理史久芸由渝赴滬，協助先期抵滬的經理李伯嘉；並委派襄理徐應旭赴香港、王誠彰赴南京、宣節赴北平、張屏翰赴東北，主持該地之復興或接管資產。與此同時，他調撥資金，用於整頓規復原淪陷區館廠。據王雲五估計，從抗戰勝利至 1946 年 4 月「先後用於各收復地點商務館廠之復員費用，連同匯解協助上海商務書館館廠的款項，總計約當那時候的法幣四五億元。這完全得自在後方四年間的盈餘[49]」。這筆資金合戰前數千萬元。商務印書館駐渝辦事處的職員和技術骨幹大多來自上海，此間也復員，乘船返抵滬上。戰時撤離原地的各分支館均遷回原城市，需要添配的教科書和其它書籍由上海供應。香港分廠的

---

48 王雲五：《岫廬八十自述》，頁 346。
49 王雲五：《岫廬八十自述》，頁 347。

恢復工作難度較大，因為機器被日軍拆遷，有的遷入中華和大東的工廠，有的運到廣州，有的運往日本。香港分廠副廠長黃用明經過切實調查，提供證據，與多方交涉，收回全部機器，使香港分廠得以於1946年5月1日部分復工。

在商務全面整頓階段，王雲五滯留在重慶，仍掛著商務印書館總經理的頭銜遙控館務，遲遲不願馬上回滬。他認為商務在上海等地的館廠長期處於淪陷區，整頓不易，若過早返滬，必將捲入是非漩渦。但主要的原因是，他覺得參加在重慶召開的政協會議，比全力整頓商務印書館更為重要。直到1946年4月中旬，他才離渝返滬。這時，政協會議已大致結束，在重慶舉行的國民參政會也是最後一次了。王雲五此行的目的是向商務董事會辭去總經理職務，為全身心從政當官做好準備。他在自述中表白，自己有許多機會直接從政當官，但出於對商務事業的責任心，抗戰時期為之勉力支撐，這次「棄商務從政」之意已決：

在抗戰期內，無論局勢怎樣困難，無論各方面對我怎樣的需求，我總是守著崗位，鍥而不捨。我縱然鑒於「天下興亡，匹夫有責」，所以在留後方的時候，從旁參政，極備熱心，但對於商務印書館的責任，不肯須臾放下。所以最高當局雖然迭經示意，想把我羅致於政府之中，但經我剴切陳明，終獲諒解。……我的最大決心，就是等到抗戰勝利，把商務印書館的責任交還董事會，我斷斷不再留戀[50]。

王雲五從兼搞政治到下定決心投身政治生涯，有以下幾重原因。

50　王雲五：《岫廬八十自述》，頁348。

第一，商務印書館的重任使他心力交瘁。抗戰中的艱苦奮鬥已使他極度疲憊，再往上推，「一‧二八」事變中上海館廠被毀，恢復商務基業歷經艱辛；30 年代初推行「科學管理法」，遭到同人全體反對，四面楚歌的困境記憶猶新；20 年代中期起捲入多年勞資糾紛，每一回合的交鋒都費盡心機，到頭來「且戰且退」，心裏感到窩囊。20 餘年來為振興商務事業，王雲五不斷設計新方案，不斷「與人奮鬥」，持續的苦鬥使他產生厭倦感。第二，王雲五認為人的一生應該有多種嘗試，他說：「我既來世界一次，不應專在一地遊覽。」何況，他已經成為同時代國內無出其右的出版家，再在這塊園地裏「遊覽」，不免索然無味。第三，王雲五對從政原本抱有極大的興趣，抗戰後蔣介石等國民黨當局高層人物希望他以「社會賢達」的身份參加政府，主觀願望與客觀需求正相符合。他認為在樂於從政這點上，於公於私都是不必諱言的：「許多人想從政，都諱言從政。我卻不然。我在重慶時，曾對許多朋友說過，一個人假使自信能替國家負一點責任，不必自命清高，因為十幾年前我已經把國家和個人或私人事業的密切關係看得太清楚了。譬如一棵大樹動搖，斷不容小鳥安居樹上的巢內啊！我一方面感於蔣先生公開政權的誠意，他方面也覺得我在未來的聯合政府中或許還能盡一點微力，所以我於復員後的政府，假使需要我的話，當不致如在戰時的拒絕。[51]」第四，王雲五從政的經濟後慮業已消除。香港淪陷後，他自滬遷港的家產大多遭到損失。在重慶苦鬥三年多，個人財產的累積仍然有限。他過慣了較為優裕的物質生活，家庭人口又多，因而唯恐貿然從政之後，有限的官俸不足以維持他和家人原有的生活水準。他多次坦言，經濟的後顧之憂，使他下不了從政

---

51 王壽南：《王雲五先生自述》，頁 348-349。

的決心。沒想到抗戰後他在滬上的私人房產高價典出，使他意外獲得一筆為數可觀的錢款，從而堅定了從政的選擇。王雲五曾在北四川路自建一所寬敞質憂的房屋作為住宅。「一.二八」事變前夕，家人臨時遷居租界，此後幾年全家便定居在租界內，北四川路的住處租給了他人。抗戰期間全家遷港，再轉赴重慶，無法顧及在滬租出的私房。抗戰勝利後，距原日軍司令部不遠處的那幢私人住宅居然沒有受到絲毫損壞，只是室內被日本人改為日本式裝飾。王雲五說，將這所私宅典出，「所得典價，足供我若干年生活費」。於是，他從政的經濟後慮自然化解了。最後一條，出相入仕的欲望，從他少年時代起便深植心田。由於清末取消科舉考試，傳統仕途戛然中止。進入民國後，除拉黨結派、攜手入仕之途，缺乏背景的人物欲當大官，則學歷與專長是不可缺少的重要資本，對自學成才、博雜不精專的王雲五來說，仕途仍不開揚。「學而優則仕」的道路未走通，「商而憂則仕」的途徑卻突然展現在腳下，王雲五怎能不心動呢？總而言之，當大官是久存於他心中的欲念，有機會是非嘗試不可的。

王雲五自渝返滬後，他當大官的意向已同當局拉攏「社會賢達」的需要趨於一致，並進入實質性的操作階段。王雲五在北四川路上的味雅廣東餐館請朱經農父子吃午飯，勸說教育部次長朱經農「棄官從商」，接替他本人商務總經理職務，以便讓他本人脫出身來當官。勸導之際，王雲五坦誠自己的「官念」，並對「從商做大官」的「曲線做官」途徑發表了一通見解。陪同其父進餐的朱文長對此有所憶敘：

雲五先生怕先父不肯答應去商務，所以首先針對中國士大夫「學而優則仕」的觀念加以申說。他說，今後中國即將進入民主憲政時

代。據他在英、美的觀察，在政治上成功的人，多半都是先在工商業上成功的人，意思是要先父不要看輕商務[52]。

王雲五的意思是，他本人即將出任南京政府的大官，朱經農若能在商務總經理的位置上幹出成就，再由商入仕，官位必在次長以上。朱經農表示，對於宦海沉浮早已產生「倦勤之意」，棄官從商出於真心，並沒有「曲線做官」的念頭，願意接任商務總經理職位，唯一的顧慮是工人鬧罷工不好對付。王雲五說，工人方面的事，交由李伯嘉處理，不必為此擔心。經過這次談話，朱經農已同意接任商務總經理職務。在此之前，王雲五為辭去商務總經理並薦朱自代，花了一些心思，經歷了一番周折。1946 年 5 月上旬，王雲五當面向商務董事會主席張元濟提出辭職。張元濟勸說無效，遂不加干預。接著，諸董事又紛紛出面挽留，仍不能說服王雲五。經張元濟同意，一周後王雲五正式向董事會提出辭職，並推薦朱經農繼任總經理。董事會討論通過。

在滬處理雜務後，王雲五即赴南京，等侯國民政府任命官職。過了幾天，蔣介石夫婦招待他用晚餐。據王雲五自述，晚餐時「蔣主席重申在重慶時舊約，堅邀我出掌經濟部」，其用意是「在全國擴大政治基礎以前，至少須若干黨外人士加入政府，以資提倡」[53]。不久，他正式出任經濟部長。

朱經農出任商務總經理一事卻拖延了一年，主要原因是辭去政府職務有些困難。王雲五曾寫信給陳布雷，拜託他轉請蔣介石允准朱經

52 朱文長：〈憶王雲五先生〉，載臺灣《傳記文學》第 35 卷第 6 期。
53 王雲五：《岫廬八十自述》，頁 350。

農辭去教育部次長職，其間頗費周折。王雲五追述道：「國府主席蔣公對經農倚畀正殷，或未允聽其脫離，遂於三十六年（1947）夏餘奉召牯嶺時，面為陳情，幸荷府納。經農遂得於三十六年正式接任商務印書館總經理職，而仿餘舊例，乃兼任編審部部長。[54]」朱經農脫離教育部之前，商務總經理職由李拔可代理。

朱經農於 1947 年 9 月接任商務印書館總經理，至 1948 年 11 月辭職，沒有干成多少實事。在他任職期間，國統區人民反獨裁、反內戰的浪潮日趨高漲，館內上下傾向人民革命的氣氛日漸濃厚，連深孚眾望的元老級人物張元濟在政治上也開始傾向於共產黨。曾在國民政府裏擔任多年要職的朱經農甚感孤立，對商務印書館的工作提不起勁頭。王雲五後來回憶說，在朱經農擔任總經理的「第二年以後，由於共黨之勢日漲，商務董事會的左傾分子與投機分子漸抬頭，總管理處又摻入不穩分子，董事會主席張菊生先生漸受共黨同路人包圍，以經農為國民黨員頗加抑制」，朱經農遂將主要精力投入光華大學校長一職[55]。1948 年 11 月，朱經農辭去商務總經理之職。其時王雲五已失去了政府官職，於同月 26 日從南京飛往廣州，從事著述，兼觀察時局變化，不久接張元濟函件，獲知已被商務董事會解除董事虛職。至此，王雲五與大陸商務印書館的關係完全斷絕。

自從 1921 年底任編譯所所長起，到 1946 年 5 月辭去總經理，王雲五主持商務印書館編輯工作和館務共約 25 年，其間任編譯所所長近 9 年，擔任總經理 16 年。在 20 年代至 40 年代，國內凡讀書識字

---

54 王雲五：〈我所認識的朱經農先生〉，見《談往事》。
55 王雲五：〈我所認識的朱經農先生〉，見《談往事》。

的人，幾乎都接觸過商務印書館的出版物，幾乎人人都知道有一個出版家，他的姓名叫王雲五。在繁榮學術、開發民智方面，王雲五功不可沒，名垂出版史冊。王雲五不斷創新的出版構思，他為挽救和振興商務出版事業表現出來的堅忍不拔的苦鬥精神，成為商務事業百折不回、欣欣向榮的有機組成部分。

王雲五離開商務後，商務曾度過一段極為艱難困苦的時期。這倒並非因為王雲五這個曾是商務的臺柱子離去所致，國民黨統治者的倒行逆施以及政府機構的全面腐敗，把整個中國的社會與經濟拖入了深淵，處在這樣動盪的大環境中，即使王雲五不離開商務，亦將迴天乏力。在極為困難的日子裏，商務印書館「紙張、油墨等主要原材料，用去就無法補進，但仍堅持至少日出新書一種，多則四五種[56]」，苦撐待變。身任商務董事長的張元濟深明大義，在董事陳叔通等人的協助下，順應時代潮流，接受了中國共產黨的領導和幫助，決心留在大陸，克服重重困難，為迎接新生作準備。上海解放後，商務印書館馬上成立了業務推進委員會，維持好出版和營業。不久，年逾 80 歲的張元濟親赴北京，與陳叔通、胡愈之、葉聖陶等商議如何使商務印書館走出困境，開拓新局面。1952 年商務印書館出版部遷往北京，1954 年商務被批准實行公私合營，1958 年正式成為國家一級出版社，依據其出版方面的傳統特色，商務印書館被確定為重點出版中外文工具書和外國古今學術譯著的專業出版社。至此，這個走過了半個多世紀歷程的民族企業，終於如鳳凰涅槃般獲得了新生。作為商務元老勳臣的張元濟先生，這個身歷晚清、民國兩個時代的德高望重的老

56　鄭尚熊：〈我與商務印書館〉，原載《商務印書館館史資料》，第 1 輯，轉引自《商務印書館九十五年》。

出版人，也隨著他鍾愛的事業和為之奮鬥了大半生的企業走進了新時代。1953 年，經毛澤東主席提名，陳毅市長敦聘張元濟為上海市文史研究館首任館長。1998 年 9 月，張元濟的銅像揭幕式在上海文史研究館舉行，以紀念他為我國近現代出版事業所做的重大貢獻。

第九章

從參政員到「政治花瓶」

參加國民參政會，以「努力盡職」為勉。參加訪英代表團，妙語答辯版權問題。重大問題與當局保持一致，偏袒官方，輕視民意。

從 1938 年 7 月參加國民參政會起，王雲五開始從商務印書館工作中分出一部分精力，參與高層的「議政」活動。

國民參政會是第二次國共合作的產物，在抗戰史上曾產生過重大影響。共產黨人和民主進步人士自 20 世紀 30 年代中期起，就一再呼籲政治民主化。在全面抗戰的特殊形勢下，1938 年 3 月國民黨召開臨時代表大會，決議應設立國民參政會。中共和民主進步人士對此表示歡迎，中共曾明確表態：「將以最積極、最熱忱的態度去參加國民參政會的工作。[1]」國民參政會歷時 10 年，開過四屆十三次會議。王雲五出席了參政會的大多數會議，保存較多有關資料。據他自述：「余參與國民參政會，歷四屆之久。輾轉來臺，於歷屆歷次議案記錄與其它重要檔，除最後一次外，皆收入行囊，殆為在臺參政同人手存此種資料之最充分者。[2]」他根據所存資料，寫成長篇文章《國民參政會躬歷記》，在臺灣《傳記文學》上連載。在《談往事》和《岫廬八十自述》中，他也用了大量篇幅憶敘國民參政會的有關情況。

1938 年 6 月 21 日，國民政府公佈《國民參政會組織條例》，確定參政員名單為 200 人，其中各省市公私機關、團體人員 88 名，蒙古 4 名，西藏 2 名，華僑或海外人士 6 名，文化、經濟團體人員 100 名；現任官吏不得為參政員；國民參政會設議長、副議長各 1 人，由國民黨中央執行委員會選任。國民參政會第一屆文化、經濟團體代表

1　《六大以來——黨內秘密檔》（上）（北京市：人民出版社，1980 年），頁 965。
2　王雲五：〈國民參政會躬歷記〉，載臺灣《傳記文學》第 6 卷第 6 期。

中，人員來自各個方面，具有較廣泛的代表性，其中有毛澤東、董必武、林祖涵、鄧穎超、黃炎培、史良、沈鈞儒、梁漱溟、鄒韜奮、羅隆基、張東蓀、張君勱、胡適、陶希聖、左舜生等各黨派團體代表及無黨派人士，王雲五也名列其間。前期的國民參政會對於團結全國人民，發揚抗日民主，推動全面抗戰，起過積極作用。在國民參政會成立前後，中共和各界愛國人士發表講話，對國民參政會寄予殷切期望，《國民參政會紀實》一書收錄了大量有關資料。王雲五在第一屆國民參政會召開之際，也向新聞界發表了談話，言辭頗為動人：

　　我向來是主張本位救國的，所以近十幾年來，專就自己主持的出版事業努力，認為直接有益於社會，便是間接為國家致力，因此，對於政治不願直接參與。假使平時被選為參政員，我必定辭謝不就。目前卻不然了，國家到了這個嚴重的時期，全國人民的智慧、資力和生命，都有隨時受國家徵發的義務。我這次被選任參政員，正如一個壯丁被徵入伍。新入伍的壯丁只能說：「我當努力盡職！[3]」

　　7 月 6 日至 15 日，第一次國民參政會大會在漢口舉行，商務印書館新舊同人與會者有 8 人，除王雲五外，還有楊端六、陳輝德、陶希聖、周覽、任鴻雋、李聖五、顏任光。第一次會議期間，王雲五就自己熟悉的問題做了提案和發言。他的提案名稱為《學制上兼採自修制度並取消中等以上學校之入學限制案》，這一提案沒有引起多大反響。他的發言中心內容是禁止資方關廠、勞方罷工。他說：「當此非常時期，資方關廠，把資本存放外國銀行的自由和勞方罷工的自由，都應該為救國而犧牲，以減少浪費。……戰爭期內嚴格禁止資方關

3　孟廣涵主編：〈國民參政會紀實〉上卷（重慶市：重慶出版社，1985 年），頁 103-104。

廠，勞方罷工或怠工。」這一建議受到中共代表陳紹禹的反駁，其理由為，「如只以禁止資方關廠，作為禁止勞方罷工怠工的交換條件，實際上可以被一切不關廠而繼續工作的資方利用，作為對勞方無限制的剝削壓迫的藉口，結果徒增勞資的糾紛，而違反戰時生產的目的。[4]」顯然，王雲五與陳紹禹的發言都以抗戰大業為重，但王雲五偏向資方立場，陳紹禹側重保護勞工利益。

王雲五對於自己發言的內容和發言技巧感覺良好，自我評價道：「（我）因口齒清晰，發言適可而止，絕不討他人厭惡。故同人對我的印象似乎不差。」但旁觀者對他的發言技巧不以為然，阮毅成在《八十自述》一書中描繪道：「王國語至劣，發音又無頓挫，報告時頻以巾拭汗。」第一次在如此高級別的會上發言，王雲五還不大適應，顯得緊張。後來，隨著參加國民參政會開會次數的增多和經常應邀去各單位團體演講，他的演說水準大大提高，即席發揮較為自如。

第一屆國民參政會共舉行五次大會。第二次大會於 1938 年 10 月 28 日至 11 月 6 日在重慶舉行，王雲五未出席。他那時正忙於商務印書館重心轉移與整頓事宜。第三次大會於 1939 年 2 月 12 日至 21 日召開。王雲五從香港飛抵重慶參加會議，這是他首次到重慶，藉此機會，他考察了商務重慶分館廠的工作情況。第四次大會於 1939 年 9 月 9 日至 9 月 18 日在重慶召開，王雲五領銜提案《請政府另定一種法價借給外匯於特定之工業案》，[5] 這一提案針對法幣大幅貶值，外匯隨之高漲，提議政府向國防、文化教育有關的工業以及西南、西北

4　王雲五：〈國民參政會躬曆記〉，載臺灣《傳記文學》第 6 卷第 6 期。
5　孟廣涵主編：《國民參政會紀實》上卷，頁 578。

地方有關的工業按法定匯價供給外幣，「俾購買必要之外國機器與原料」。此提案經修正通過，送交政府採擇施行。一屆五次參政會於1940年4月1日至10日在重慶召開。王雲五再次提案，其標題為《請確立調整行政系統及人事行政制度之原則以增進行政效率案》，獲大會決議通過，送呈政府採擇施行。該提案針對「機關之業務不專或職權不清」，辦事「非相互推諉，則彼此摩擦」，以及「上層機關繁多，政令難免分歧」等情弊，提出「調整行政組織系統及人事行政制度」等9點建議：

（一）一種業務，原則上應由一個機關單獨負責，以免散漫分歧、推諉摩擦之弊。性質稍近之機關，有可能亦應歸併。

（二）每個機關應賦予應有之職權，並尊重之。

（三）各級行政機關應行層層負責、級級節制之制度。

（四）每一機關之上級機關應使之「一元化」，以免政令分歧。

（五）各機關應使之事權劃一，各級官吏應使之權責分明。

（六）取消一切駢枝機關，將原有人員分配於需要較切之其它機關。

（七）同一機關內應屬行親屬迴避之制度，以免瞻徇。

（八）屬行一人一職制度，除特殊情形外，不得兼任兩個或兩個以上機關之職務，其參加各種委員會工作，亦應相當限制。

（九）按期考績，屬行賞罰，茲提倡罰從上起、賞貴下施，藉以轉移風俗，樹立賢能政治[6]。

這份提案雖是原則性的建議，但每條建議都切中時弊，堪稱精

6　王雲五：〈國民參政會躬歷記〉，載臺灣《傳記文學》第6卷第6期。

彩，從中也可看出王雲五力圖把企業的「科學管理法」嫁接到行政系統，以及他敢言盡責的愛國之心。

在第一屆國民參政會任期內，王雲五作為一般參政員，會畢即返香港，主持商務印書館工作。太平洋戰爭爆發後，他留居重慶，在1942年10月的國民參政會三屆一次會議上，他被推舉為駐會委員。這屆駐會委員25人，名單如下：孔庚、褚輔成、李中襄、王雲五、鄧飛黃、陳博生、許孝炎、杭立武、陶百川、江一平、但懋辛、江庸、王啟江、郭仲隗、林虎、冷、黃炎培、于斌、羅衡、何葆仁、董必武、陳啟天、許德珩、王普涵、阿旺堅贊。駐會委員活動較多，並負有相關的責任，王雲五開始把較多的精力投入政治活動。後來他又進入參政會主席團。據他自述：「計出席大會約十次，任駐會委員三年，任主席團主席約兩年，被選代表參政會赴英報聘約三個月；憲政實施協進會成立，我被選代表參政會參加；參政會經濟動員策進會成立，我被選為常務委員。[7]」作為駐會委員，王雲五有機會時常聽取國民政府各部會高級官員的報告，並提質詢與建議，當面交換觀點，因而與官方的交往增多。在重大問題上，尤其在國共關係問題上，王雲五通常支持國民黨的意見，從而得到當局的賞識。第四屆國民參政會起，王雲五被選為主席團成員。1946年5月他出任經濟部長後，按國民參政會規定，公務員不得兼任參政員，他不再擔任參政員，但仍然是參政會主席團成員，直到1947年下半年才辭去在主席團的兼職。

參加訪英代表團出訪英國，是王雲五任國民參政員駐會委員期間

7　王雲五：〈八年的參政〉，載《談往事》。

一項較為重要的活動。太平洋戰爭爆發後，美、英正式對日宣戰，並公開支持中國的抗日戰爭。1942 年，英國國會代表團訪華，商議中、英兩國協力對日作戰事宜。國民政府決定組團回訪，於 1943 年組織訪英代表團，由參政員王世杰、胡霖、杭立武、王雲五以及立法院的溫源寧為正式成員，李維果為秘書。訪英團於 1943 年 11 月 18 日從重慶啟程，順訪若干友好國家，然後抵達英國。在歸國途中，訪英團分為兩撥，王雲五與杭立武、溫源寧順訪伊朗、土耳其和伊拉克，於 1944 年 3 月 18 日返抵陪都。

在英國訪問期間，王雲五的活動側重於政治和文化兩個方面。就文化活動而言，他訪問了英國許多文化、出版和教育單位，舉行報告，參加座談會。其中頗有新意的一項活動，是與英國出版業公會會長及理事 20 餘人的一次談話會，雙方辯論版權問題。英方人士認為，中國在戰後應加入國際版權同盟，提出中英兩國應相互保護版權，勸請王雲五將此意轉告中國有關方面，並對中國出版界侵犯英文著作版權表示不滿。王雲五以中國情形特殊作辯解：「在歐洲各國間，一種文字之書籍翻譯為他國文字後，不免有礙原文書籍之銷路；而在我國，則一種歐洲文字之書籍翻譯為中文出版後，不僅無礙於原文書籍之銷路，且轉有利於流通……在可能時，必因譯本而引起許多人對原本之注意，轉而增加原本之銷路。」王雲五的這一番辯解，以現代的版權觀念來衡量，顯然是強詞奪理，但當時他為了維護商務印書館和國內出版同行的利益，為了大規模推介西學，不得不作此強辯、巧辯。他還說，即使中國以後加入國際版權同盟，「關於翻譯之限制，似不宜適用於中國。平心而論，餘以我國最大出版家之地位，

對於英人翻譯余所出版之中文書籍為英文者，不僅未以為忤，且甚鼓勵之」。王雲五還舉例反駁英方觀點：倫敦大學東方學院中文講師西門氏將商務版《平民千字課》譯為英文，並附原文對照，此舉「超過翻譯範圍，余亦力予讚助，並為之作序[8]」。英方人士不便多作爭辯，只能對王雲五的解釋表示「諒解」。可以說，王雲五在版權問題上的答辯很機敏，也很成功。就我國出版界當時實際情況看，若與歐美採行同一版權標準，必將嚴重影響編譯作品出版，有礙於傳播國外優秀文化。訪英期間，王雲五曾在英國上、下兩院聯合招待會上代表訪英團致辭，並在各地民眾聯歡會上發表演說，主題是中英兩國應該加強互相間的支持，齊心協力打敗法西斯帝國的侵略。茲摘抄他在倫敦中央大會堂對市民的一段演說辭：

中英兩民族皆勇敢而兼愛好和平，與若干民族勇敢之性輒與好戰相併者大異。此次大戰發生以前英人之極力維持和平，正如中日戰爭以前中國人民之極力容忍以期維持和平一般。當英國迫不得已而從事於抗戰，則英人所表現之英勇行為，亦與中國於忍無可忍而從事於抗日戰爭以來，中國人民所表現者相同[9]。

此類講話，作為訪英團成員的發言，是很為得體的。身著西裝、滿口英語的王雲五，雖然身材矮小了點，但精神抖擻，辭令得當，倒也不辱訪英使命。但是，他心底裏很明白，外交是重利益輕道義的。他在後來撰寫的《八年的參政》一文中，便直截了當地指出：「外交是講勢利，無所謂道義，我則以為英人所表現者且較他國人士更顯

8　王雲五：《岫廬八十自述》，頁307。
9　王雲五：《岫廬八十自述》，頁303。

著。」《八年的參政》作於臺灣，王雲五那時更多一層感慨，對反法西斯戰爭時期英國態度的轉變作了如下的述評：

英人重現實，現實時有變，故英人之對外政策亦時變。我國對日作戰之初期，以沿海淪於日本掌握，遂恃滇緬路為唯一之運輸通路，英人竟不惜封鎖此路以取悅於日人；及太平洋之戰由日本突然掀動，英屬之香港新加坡及馬來亞同為日人所攫，乃起而對日宣戰，並與我並肩作戰，於是一改其態度而親我，其國會訪華團之率先派遣，固有由來。及我等報聘，其歡迎之熱烈也自在意中。

這是時隔多年王雲五反思英國外交原則的「後話」，對英國外交政策看得頗為透徹，在此不再展開。訪英返抵重慶後，他對全國發表廣播演說，借談訪英觀感發揮對憲政問題的看法。他在廣播談話中說，實施憲政須有三個先決條件，即地方自治、法律自治、人民的基本自由得到尊重。他特別強調，達到民治的憲政之關鍵，在於「人民須能自由批評政府，能自由集會討論政治，並能避免政府違法的逮捕與拘禁」。諸如此類的話，是針對國民政府法治不健全、政治不民主而發的，反映出王雲五是有一些民主意識的。1944 年 4 月間，他在國民參政會駐會委員會上做報告，盛稱戰時的英國能做到人盡其力、物盡其用、地盡其利，社會組織工作做得井然有序，對英國的抗戰起了很大的作用。他總結英國戰時組織高效的根本原因，在於「英人遇事採公平的原則，科學的方法與守法的精神三者」。

訪英歸來後，應各地機關、大學的邀請，王雲五作關於訪英感受的演講 10 餘次，對於戰時的宣傳教育起了積極的作用，他把這些講

演稿整理成《戰時英國》一書；又從訪英期間的日記中選擇部分內容，編為《訪英日記》一書，並自行英譯，另出英文本，供在校學生作為英語補充讀物。他訪英歸來不久，就出版了3本有關著作，真可謂一石三鳥。他後來又編寫《紀舊遊》一書，收入訪英日記及往返英國途中順訪其它國家的觀感。在重慶4年中，凡受到講演邀請，王雲五概予接受，對於抗戰前途力表樂觀，對於青年多方砥礪，並就學問之道、為人之道以及科學管理各個方面，結合自身經歷和體會，發表見解。這些演講記錄稿和若干篇相關文章，分別編為《做人做事及其它》、《岫廬論學》、《岫廬論為人》、《旅渝心聲》等書籍。頻繁的演講，使他的口才得到了鍛鍊，往往只列幾個要點，便上臺演講，即興發揮，拉得開，收得攏。他小結道：「對公眾的演說，第一要有氣魄，第二要言語清楚，第三還要帶點荒唐的態度。」除了商務印書館工作、參政議政、四出演講外，王雲五利用幾乎所有空餘時間從事讀書、寫作，在渝4年出版著譯及工具書10餘種，其精力之充沛，出成果速度之快，實在令人歎服。

訪英前後，王雲五在經濟工作、推進憲政方面也有所表現。1942年10月的國民參政會三屆一次大會決議設立經濟動員策進會（後改為經濟建設策進會），以落實國民政府戰時經濟法令、鞏固抗戰後方經濟基礎為宗旨，全體參政員皆為委員，並將後方劃分為川東、川西、西北、湘粵桂贛、滇黔五區。1943年1月，各區辦事處同時成立。由於滇黔辦事處主任褚輔成「年老憚於開辦」，王雲五以滇緬辦事處代理主任的身份，赴昆明督察經濟工作，一個月內，「把狂漲一時的物價平抑了不少」。他返回重慶後即向會長蔣介石彙報工作情

況，並以《從限價到平價》為題撰文，在《東方雜誌》上發表，主要談了四點體會：限價要因地制宜，勿與臨近地區物價衝突；限價要適度，注意不影響生產；經濟立法可以寬鬆些，執法則務必嚴謹；限價物品須限量發售，以免供不應求。1944 年 8 月 28 日，參政會經濟建設策進會常務委員會向會長蔣介石提出經濟建設建議書，由王雲五主稿，其要義為：經濟建設宜由國家計劃，民營企業的生產要配合國策；對外貿易宜區劃國營與民營的界限，繼續實施對民營外匯的管制；健全金融制度，改革租稅，以增加政府收入，促進工業；預謀勞資協調，以減輕工業生產的損失；盡早發展重工業，以植工業建國之基礎。建議書還就工農交運各方面工作提出原則性意見[10]。這份建議書站在國民黨政府立場上，以國營企業壓制民營企業，以增加租稅取代民生主義，以協調勞資關係限制職工權利，在參政會上受到持不同見解者的批評。用王雲五的話說，其主張和發言「惹起很大的誤會，竟有說我是國民黨『前哨』的」。

1943 年 9 月的國民參政會三屆二次會議議設憲政實施協進會。該會於同年秋冬之交正式成立。民國政治制度史研究專家徐矛對該機構辨析道：國民黨方面將憲政協進會說成為國民參政會的附屬機構，新中國成立後一些歷史著作也沿用此說。其實，這是一個官方機構，屬於國防最高委員會[11]。這一說法是有一定道理的，與當事人王雲五的觀點不謀而合。在《八年的參政》一文中，王雲五寫道：「1943 年冬國防最高委員會接納參政會三屆二次會議決議，成立憲政實施協進會。」儘管憲政協進會的屬性是國民黨當局官辦的，中共和民主黨派

---

10 王雲五：〈八年的參政〉，見《談往事》。
11 徐矛：《中華民國政治制度史》（上海市：上海人民出版社，1992 年），頁 303。

仍利用這一合法機構,要求國民黨實施民主改革。《憲政實施協進會組織規劃》明確規定:憲政實施協進會會長由國防最高委員會委員長擔任,國民參政會主席團成員為當然會員,並由国防最高委員會委員長就國民黨中央委員、參政員以及其它有政治學識經驗和特殊研究人員中指定 35 至 49 人為會員,由會長從委員中指定 9 至 11 人為常務委員,再從常務委員中指定 3 人為召集人[12]。據此,王雲五被指定為憲政實施協進會常務委員。1943 年 11 月 1 日,憲政實施協進會召開第一次會議,王雲五提出《提前實行提審制度案》,提出非依法律不得隨意逮捕、拘禁人民,被拘捕者有權利請法院在規定時間內提審。此提案即日通過[13]。這一提案,是針對國民黨政府各專政機關無限期拘禁嫌疑人而提出的,也是符合推進憲政原則的。但是,此提案通過後,久久未能實施。

以「社會賢達」身份參政議政的王雲五,其政治態度是頗為複雜的。從以上諸種表現看,在以抗戰大局為重的前提下,他有時能「為民請命」,針對時弊提出一些有益的建議。但是,王雲五在重大問題上力求與政府當局保持一致,因而有些言行表現為偏袒官方,輕視民意。在國共之間矛盾尖銳時,他卻往往站在國民黨的立場上表達意見。

領銜責備中共,託病拒訪延安。參加「國民大會」,出任政府大官,「竭智盡忠」為哪家?悟周恩來雙關妙語,感慨唏噓數十年。

王雲五與中共方面關係惡化,始於皖南事變以後,完全是由他的

---

12 重慶《中央日報》,1947 年 10 月 19 日。
13 王雲五:〈八年的參政〉,見《談往事》。

偏見和片面指責造成的，他本人對此也從不諱言。

1941 年，國民黨當局一手製造了震驚中外的皖南事變。1 月 17 日，國民政府軍事委員會發佈通電，誣稱新四軍為「叛軍」，取消新四軍番號。毛澤東、周恩來等中共領導人發表公開講話，揭露國民黨破壞抗戰和蓄意反共的陰謀，提出取消國民黨方面 17 日反動命令，懲辦禍首，廢止國民黨一黨專政，實行民主政治。3 月 2 日，董必武、鄧穎超經中共中央同意，致函國民參政會，提出臨時解決辦法十二條，包括承認中共和陝甘寧邊區以及民主黨派的合法地位、釋放皖南所有被俘新四軍人員等項，作為共產黨參政員出席國民參政會的條件。3 月 3 日上午，在國民參政會二屆一次會議上，秘書長王世杰報告中共參政員不出席本屆會議的有關情況，並公佈了中共參政員毛澤東等 7 人的電文和董必武、鄧穎超的函件。這時，王雲五「忍不住」要求發言，表示不同意中共參政員「先行解決，再出席會議」的意見，並提出下列偏袒國民黨當局的建議：

（一）中共參政員的來函，暫時不宜公開，以免惹起國人的疑慮；

（二）切望中共參政員重加考慮，仍能出席；

（三）中共參政員如能出席，可將所提臨時解決辦法作為對本會提案方式提付討論；

（四）中共參政員出席後，關於本問題的提案各條，本會同人本諸良心秉公討論，應通過者予以通過，不應通過者予以修正或作其它合理的決定；

（五）希望政府仍本向來的寬大政策，如果中共參政員能出席，

其經本會通過之案，務望政府儘量接納[14]。

隨後幾天，王雲五積極鼓動其它參政員贊同他的意見，並於 3 月 6 日提出「臨時動議」，由表面的調解發展到直接指責中共參政員。而在同一天，蔣介石迫於國內外輿論，在國民參政會上保證，「以後再亦決無剿共的軍事」。這一對照下，王雲五領銜的「動議」更顯得不識時務。但這一極不適合時宜的「動議」，仍得到《益世報》等對中共懷有政治偏見的報紙的喝彩：

昨天參政會有一個臨時動議，語重心長，可謂極為合理，極為純正。這一動議，是由參政員王雲五等五十四人所提出，該會決議，全體通過。原動議內容包括兩點：第一、請以大會決議，對毛澤東、董必武等拒絕其它若干參政員及該會原任議長勸告，以致未能出席本屆大會之行為「引為遺憾」；第二、「切盼」具有共產黨籍之參政員深體該會團結全國抗戰之使命，並「堅守」該黨民國二十六年（1937）九月「擁護統一」之宣言，出席該會[15]。

二屆一次國民參政會閉幕之日，王雲五又將他的發言寫成提案，交大會討論。該提案繼續片面責備中共方面，稱「本會為國民參政機關，於法、於理，自不能對任何參政員接受出席條件，或要求政府接受其條件，以為本會造成不良之先例[16]」。對自己在參政會二屆一次會議上咄咄逼人的表現，王雲五去臺灣後似有羞愧之意。在《八年的參政》一文中，他認為，參政員大多有國民黨黨籍，自然容易做到以

---

14 王雲五：〈八年的參政〉，見《談往事》。
15 重慶《益世報》，1941 年 3 月 7 日。
16 《年譜初稿》，頁 372。

多數否決中共方面的意見。他本人領銜提案，實際上製造了有利於國民黨的輿論。他自我評論道，「以無黨派身份責備中共，實開惡例」，自然會引起中共方面對他的不滿。他承認，這是他與中共方面產生隔閡的起點，責任在他本人，「故無論我的說話如何冠冕堂皇，事實上仍從側面協助政府以打擊中共，較諸簡單責備中共者手段實更厲害，故從彼時起，（中共）銜我極深」。

皖南事變以後，國民參政會時常被國民黨利用，作為反對、壓制共產黨的工具。但是中共方面在進行必要鬥爭的同時，還是作了些讓步。二屆一次參政會閉幕後，董必武時常參加參政會有關活動。至於王雲五，在抗戰時期中共一直把他和國民黨頑固派區別對待。王雲五對待中共的態度，則從偏見發展到成見。這在參政會組團訪問延安一事上反映得很明白。

在 1944 年 9 月的國民參政會三屆三次會議上，決議推派代表訪問延安。王雲五也在被舉代表之列，在會上他沒有表示異議，但一個月後便託病不去，而且出言不遜，說什麼「以共黨擅長欺詐，一經前往，難免不被作為宣傳之對象，尤以商務書館舊職工中，在延安佔有要職者頗不乏人，我若前往，處境更屬微妙，因臨時託病不去，此為我生平託病極少次數中之一次[17]」。同共產黨最高領導有了很好的溝通機會，卻拒絕伸出手去；去延安看看現實情況再下結論也無妨，卻閉眼出語傷人，王雲五的這種態度與團結抗戰之旨是完全違背的。國民參政會代表團赴延安考察一事拖延了一段日子，到 1945 年 6 月進入實質性階段。6 月 2 日，代表團成員褚輔成、黃炎培、冷、王雲

17 　王雲五：〈岫廬自撰年譜稿〉，見王壽南：《王雲五先生年譜初稿》，頁 444。

五、傅斯年、左舜生、章伯鈞等 7 人聯名，致電毛澤東和周恩來，稱以「從速完成團結，俾抗戰勝利早臨」為期待，聯繫訪問事宜。可見，王雲五至此，尚未正式決定是否去延安考察。6 月 18 日，毛澤東、周恩來回電給他們 7 人，對代表團訪問延安表示誠摯的歡迎，同時譴責國民黨當局的專制和以內戰相威脅：

> 來電敬悉。諸先生團結為懷，甚為欽佩。由於國民黨當局拒絕黨派會議、聯合政府，及任何初步之民主改革，並以定期召開一黨包辦之國民大會製造分裂、準備內戰相威脅，業已造成並將進一步造成絕大的民族危機，言之實深痛惜。人民渴望團結，諸公熱心呼籲，促進當局醒悟，放棄一黨專政，召開黨派會議，商組聯合政府，並立即實行最迫切的民主改革，則鄙黨無不樂於商談。諸公惠臨延安賜教，不勝歡迎之至，何日啟程，乞先電示；掃榻以待，不盡欲言[18]。

7 月 1 日，代表團一行 6 人飛抵延安，獨獨缺了王雲五。究竟是其政見與中共方面相距甚遠，還是因為那時蔣介石已答應讓他以後做官，才使他拒絕赴延安？王雲五本人未作解釋。看來，政見分歧固然是原因之一，他本人欲做出親國民黨蔣介石的姿態是更為重要的原因。

抗戰後期開始討論群組建聯合政府問題，王雲五的基本態度總是偏向國民黨方面。

1944 年 9 月，王雲五和胡霖寫信給國民參政會主席團，「商請政府派員到會報告關於中共問題商談之概略」。9 月 15 日參政會大會

18　孟廣涵主編：《國民參政會紀實》下卷，頁 1431。

上，張治中代表政府當局做報告，針對中共掌握的武裝力量，強調軍令統一。中共方面代表林祖涵做報告，針對國民黨專制獨裁，強調政權公開。此後，王雲五即席發言，對張治中的報告基本肯定，對中共方面婉轉批評。據會議速記，王雲五的發言要點如下：

就政權公開來說，已經由國民黨，由政府，由領袖再三聲明在抗戰完結後實行憲政。對於這點，我們很欽佩國民黨和政府大公無私的精神。……政府能把訓政時期的約法切實執行，能擴大各級民意機構的職權，即使不具形式上的憲政，也可以走上真正憲政的軌道，而我們的政權公開也就更進一步了。其次，就軍令統一來說，剛才說過中共也承認軍令應該統一，我只希望中共能多作事實上的表現。……假使軍令真能統一，所有軍隊都是國家的軍隊，便沒有彼此之分，界線之別[19]。

在這篇發言的最後部分，王雲五呼籲國共雙方不必糾纏於過去的矛盾，共同為向日軍作反攻作準備，希望政府對中共「更寬大一點」，希望中共在軍令統一問題上，「多多在事實上表現出來[20]」。

在 1945 年 7 月的國民參政會四屆一次會議上，王雲五名列 7 人主席團（另 6 位主席團成員為張伯苓、王世杰、吳貽芳、莫德惠、李璜、江庸）。約一個月後，抗日戰爭取得了全面勝利，不久，政治協商會議對國內政治產生重大影響，國民參政會的作用相對減少了。

1946 年 1 月 10 日至 31 日，在重慶召開了政治協商會議。出席

19　王雲五：〈八年的參政〉，見《談往事》。
20　王雲五：《岫廬八十自述》，頁 284。

政協會議的有國民黨孫科、張群等 8 人，共產黨周恩來、董必武等 7 人，民主同盟張瀾、沈鈞儒等 9 人，青年黨曾琦、陳啟天等 5 人，社會賢達 9 人為莫德惠、邵從恩、王雲五、傅斯年、錢永銘、繆嘉銘、胡霖、郭沫若、李燭塵[21]。政協會議中，共產黨代表主張廢除國民黨一黨專政，建立新民主主義國家。國民黨代表極力維護一黨專政的獨裁統治，得到青年黨代表的支持。民盟代表多數屬於中間派，但具體主張因人而異。社會賢達相當於無黨派代表，也以中間派為多數，但有左、右之分。王雲五時而充當中間調人角色，時而偏向國民黨觀點。政協會議討論和平建國方案和召開國民大會等事項，政協委員按政府組織、施政綱領、國民大會、憲法草案、軍事問題分為五個小組進行討論，後來又由五方面各推代表組成綜合委員會。王雲五參加政府組織和綜合委員會，政府組織組人員為王世杰、陳立夫、陸定一、曾琦、餘家菊、羅隆基、沈鈞儒、王雲五、傅斯年，召集人王世杰、羅隆基；綜合委員會人員為吳鐵城、周恩來、董必武、陳啟天、章伯鈞、羅隆基、王雲五、傅斯年，召集人孫科。

　　政府組織小組重點討論聯合政府組織方案。在初步商定政府委員 40 人之後，與會各方對名額的具體分配產生分歧。據王雲五憶敘，國民黨人占政府委員半數之議得到認可；中共和民盟提出必須合占 14 名，俾足占政府委員三分之一以上，可在必要時行使否決權，因為涉及施政綱領等重大問題，須三分之二多數同意，擁有三分之一席位便具有否決權。在非國民黨籍政府委員名額分配問題上，各方爭辯，但未達成一致意見。王雲五認為，中共後來拒絕參加 1947 年 4

21 《新華日報》，1946 年 1 月 7 日。

月改組的國民政府，原因之一是政協討論時各方未採納他的意見。對於政府委員名額分配問題，他提出兩點建議：

一是「趁熱打鐵」，即在政協會議上將非國民黨席位的 20 個名額分配定妥，免得日後再爭論；二是會議應採納他提出的折中方案——中共 8 人，民盟、青年黨、無黨派各 4 人。王雲五「天真」地相信，如果政協會議採納他的建議，有望改變今後政治局勢的走向，這是因為「在彼時中共的實力還未充分，和平團結的空氣一時還很濃厚之際」，各方有可能「不堅持成見，因而達成協議，則聯合政府在協商會議閉會後，短期即可組成[22]」。這種願望顯然是不現實的。正是因為「中共的實力還未充分」，國民黨蔣介石便依仗兵力雄厚，在政協會議前後屢屢進攻中共軍隊，雖一再被挫敗，仍迷信武力可以解決統一問題，武力可以維持獨裁統治。對於國民黨方面多次挑起戰端一事，王雲五的記述中都避而不談。不是記憶不清或缺乏資料，而是不便談。政協會議通過的《政府組織案》，其要點為，一、國民政府委員為 40 人，國民黨和非國民黨人員各占半數，各黨派的國民政府委員人選由各黨派自行提名。二、改組後的國民政府委員會為最高國務機關，不但對國家方針大計有決策權，而且對高級官員有任免權。三、取消國府主席的緊急處置權，縮小國府主席的相對否決權[23]。根據這些原則規定，國民黨的專制獨裁統治，將被各黨派參加的聯合政府所取代。

1 月 17 日，政協第七次會議討論國民大會問題。國民大會問題

22　王雲五：《岫廬八十自述》，頁 363。
23　四川大學馬列主義教研室編：《政治協商會議資料》（成都市：四川人民出版社，1981 年），頁 272。

爭論的焦點是，國民黨於 1936 年一手包辦產生的國大代表是否有效。舊國大代表 1200 人，其中國民黨指定與遴選的佔有 700 個名額。國民黨主張維持原有代表，中共和民盟力主重選國大代表，並得到部分無黨派人士的支持。王雲五發言，認為舊國大代表的有效期應延長到新的國民代表大會召開為止，但也承認多年前選出的舊國大代表不能充分代表新時期的民意，於是提出「折中」辦法：

> 查國民大會代表組織法規定有由政府遴選之代表二百四十名，又規定國民黨中委均為國大代表，而中委共有四百六十名，兩者合計為七百名，皆無須選舉，可由政府與國民黨支配。此次政治協商會議之目的，係因國民黨願還政於民，並容納各黨與社會賢達參加政府，推此美意，盡可將政府與國民黨所能支配之代表名額七百名，公平分配於各方面，加以各地方尚未選出之代表與原有代表身故或附逆者亦有若干名，與上述之七百名合計當有九百餘名，對現有之舊代表為數大致相等。依此辦法，分別遴選與選舉，則代表新的民意在國民大會中至少亦可占半數[24]。

對於王雲五這一建議，國民黨代表表示原則上支持，因為維持舊國大代表的觀點符合國民黨利益，但不贊同把國民黨中委已佔有的國大代表名額另行分配。中共和民盟代表反對維持舊國大代表。經各方協商，將上述 700 名遴選代表名額重新分配為國民黨 230 名、中共 200 名、民盟與青年黨各 100 名、社會賢達 70 名。在政協最後一次綜合委員會會議上，又從國、共名額中各撥出 10 名加入民盟名額。這樣，基本解決了舊國大代表中 700 名遴選名額重行分配的問題。政

---

24 王雲五：〈八年的參政〉，見《談往事》。

協討論國大代表新舊名額及其分配的總體情形，屆武在《中國國民黨史》中有所述評：

最後，中共和民盟代表作出讓步，同意保留原有 1200 名代表。此外增加臺灣、東北等地區代表 150 名，以及黨派、社會賢達代表 700 名，總數為 2050 名代表，並協議「憲法之通過須經出席代表四分之三同意為之」。國民黨意欲控制國民大會的企圖，難於實現[25]。

政協會議議案與王雲五有關的，還有憲法草案審議問題。政協討論憲法草案時，中共、民盟以及部分無黨派代表反對國民黨當局於 1936 年 5 月 5 日公佈的《中華民國憲法草案》（簡稱「五五憲草」），因為該「憲草」強調中央集權制和總統制，實質上是維護個人獨裁。部分中間派人士提出，應參照美、英政體模式，監察院作為上議院，立法院作為下議院，行政院作為內閣，「行政院對立法院負責[26]」。國民黨代表則竭力維護「五五憲草」原則。經過爭論，政協會議通過了《憲法草案案》，明確了「憲草修改原則」，規定國民大會為最高權力機關，實行國會制、內閣制、地方自治等政治制度，並協議由與會五方及會外專家組成憲草審議委員會，依據政協會議通過的憲草修改原則，審議制定《「五五憲草」修正案》，提供大會採納[27]。1 月 30 日，政協會議通過了《政府組織法》、《國民大會案》、《和平建國案》、《軍事問題案》、《憲法草案案》。政協閉幕後，組成憲草審議委員會，由五方面代表 25 人及政府推派的 10 名專家組成。王雲五作為社會賢達

25 屈武：《中國國民黨史》（西安市：西安交通大學出版社，1990 年），頁 412。

26 梁漱溟：〈我參加國共和談的經過〉，見《中華民國史叢稿》（北京市：中華書局，1980 年），第 6 輯，頁 64。

27 中共代表團梅園新村紀念館編：《國共談判文獻資料選輯》（增訂本）（南京市：江蘇人民出版社，1984 年），頁 90-92。

代表，被推舉為憲草審議委員會成員。憲草審議委員會討論的焦點問題之一，是國大「有形」與「無形」的問題。由於孫中山設想的國民黨政治體制是「以黨治國」，政府不向國民大會負責，這種政體構想後來被蔣介石利用來搞獨裁統治。民盟代表不便反對孫中山的政體設想，提出「無形國大」的新概念，即全國選民行使選舉、罷免、創制、復決四權，名為國民大會，這樣的國民大會不是具體機構，而是名義上的存在，使國民黨不能把國民大會利用為欺騙人民的工具。中共代表曾支持民盟的意見。國民黨方面則堅稱，「憲草」修正案將國民大會改為「無形之國大」，殊屬不妥。中共和民盟代表為了顧全大局，盡力維護國內和平，在國大有形與無形的問題上作了讓步。3月15日，憲草審議委員會與政協綜合委員會聯席會議確認，「國民大會為有形之國民大會」。對於國大有形、無形之爭的問題，王雲五認為：「我本人對於『五五憲草』賦予國民大會這般龐大的職權固然不同意，但對於協商決定之無形國大更覺得不妥。因此，在閉會後的繼續協商中，把無形的國大修正為有形的國大，我也是極力主張者之一人。[28]」王雲五作為無黨派的社會賢達一分子，在政協會議及會後協商中表達個人見解，應該說是正常的，但他過於鮮明的褒貶態度，則使他起了沒有黨籍的國民黨人的作用。從下面一段王雲五自述的遣詞造句中可見其「愛恨分明」，已失去「社會賢達」應有的公正性：

由於中共方面之時而倔強、時而狡獪；民盟方面分子複雜，雖間有持正者，然多數均與中共一鼻孔出氣；於是除余與王亮老大都主張相同外，青年黨代表亦多能持正，往往發生舉足輕重之作用，尤以陳

---

28 王雲五：〈八年的參政〉，見《談往事》。

啟天為然。因之，中共深有恨焉[29]。

但是，對於國民黨方面在政協會議期間及會後破壞團結、破壞和平的種種表現，王雲五卻隻字不提。他曾撰寫《政治協商會議追記》長文，在《岫廬八十自述》與《談往事》等憶舊著作中，均用大量篇幅描述政治協商會議，字數逾 10 萬，但對國民黨方面沒作任何批評，全然迴避了國民黨方面令人不能容忍的表現。甚至對於當時轟動一時的「滄白堂事件」、「較場口血案」，王雲五作為過來人，在回憶文章中也從無一語提及或評說。

政協會議閉幕未久，會上通過的協議就遭到國民黨政府的破壞，利令智昏的蔣介石倚仗著有美國人的支持，以及手中的幾百萬大軍，悍然於 1946 年 6 月向中共解放區發動進攻，內戰的烽火重新在中國大地上燃起。

1946 年 10 月 21 日，郭沫若、胡霖、沈鈞儒、章伯鈞、黃炎培、羅隆基、曾琦、李璜等協力廠商面的代表來到南京，對國共雙方作最後調解的努力。但是，內戰正在激烈進行，蔣介石又故意在這一天離開南京，避而不見，使這次調解難上加難，據羅隆基後來回憶說：「到了南京，協力廠商面的代表們就每天在南京交通銀行一個會議室裏碰頭座談。同時，協力廠商面的代表又互相推定，分成幾批，每日分頭去向國民黨代表、共產黨代表以及美國的馬歇爾、司徒雷登方面，名為交換意見，實際上是去摸摸底子。……最壞的事情是：蔣介石的軍隊還在關內外各地採取攻勢，繼續內戰。內戰不停，向共產

29　王雲五：《岫廬八十自述》，382 頁。

黨代表方面就無話可談。蔣介石和宋美齡又在臺灣優遊不歸，國民黨方面無人當家作主，談也是空談。[30]」關於協力廠商面代表在南京的最後階段調解，王雲五也有記敘，但他那時已不再被看作協力廠商面的人物了。早在 1946 年 5 月，王雲五就出任國民黨南京政府經濟部長，他披掛的「中間色彩」其實已經蕩然無存。當協力廠商面人士在南京作周旋之際，王雲五到南京交通銀行出席會議，同周恩來打了最後一次交道。周恩來那時已決定撤離南京，王雲五說：「我因已參加政府，在中共方面或誤會我已經偏向政府方面，而失去其中間性，……為著還想盡最後的責任，我也不顧嫌疑，參加此次會議。」王雲五後來追憶周恩來在南京交通銀行對他的講話以及他的感受時說：

在會議中，周恩來痛詆國民黨對合作之無誠意，與之合作和參加政府之人終究要感到上當，並朝著我說：「像雲五先生的參加政府，我深信他現在的內心也感著不好過。」這句話無論是善意的忠告，或是惡意的諷刺，總使我內心感觸萬分，本來有許多想說的話，至此卻默默無言。此外在座各人，包括兩黨政協代表與無黨派之柳老新之和一二位國民黨人士，或者有同樣的感覺，也都不說什麼話，於是這一次的聚會，便成為政協最後破裂之會。恩來於是和我們各人握手所說的「再會」二字，彷彿還在昨天，而情勢已經轉變到這樣了[31]。

這番描述與感受，出自王雲五的《岫廬自撰年譜稿》，這部未正式出版的「自撰年譜」作於 60 年代中期退出臺灣政壇以後，其間隱

30　羅隆基：〈從參加舊政協到參加南京和談的一些回憶〉，見《文史資料選輯》，第 20 輯。
31　王雲五：〈岫廬自撰年譜稿〉，見王壽南：《王雲五先生年譜初稿》，頁 568。

含王雲五對自己從政的反思之意，乃至羞愧之心。在後來正式出版的《岫盧八十自述》中，刪去了這場情節（王壽南撰寫的《王雲五先生年譜初稿》收入了這段文字，但歸入 1947 年 2 月上旬，時間上恐有誤）。

蔣介石被國民黨軍隊暫時的「勝利」沖昏了頭腦，決定召開所謂的「國民大會」，以便「合法地」否定政協會議所通過的一系列法案，重新確立國民黨的專制統治體制。中共和民盟拒絕提交「國大」代表名單，予以抵制。青年黨、民社黨則先後表示參加，王雲五、傅斯年、胡霖等少數「社會賢達」也決定參加。11 月 15 日，「國民大會」在南京開幕，國民黨員在代表中佔了大多數。由於國民黨軍對解放軍的全面進攻越演越烈，「國民大會」又單方面倉促在南京召開，國共關係破裂已到了不可挽回的境地。11 月 16 日，周恩來在梅園新村舉行告別性的中外記者招待會，19 日率中共代表團 10 餘人飛回延安。12 月 25 日，「國民大會」通過《中華民國憲法》，以根本大法的形式認可了總統獨裁制，確認了國民黨一黨專制的政治體制。國民黨搞憲政是假，實施專制是實，正如毛澤東所說：「他們一面談憲政，一面卻不給人民絲毫自由[32]」。此後，南京政府交替使用「合法」與非法的手段，加強專制統治，加深對民眾的盤剝。身為政府要員之一的王雲五，也幹了許多與「社會賢達」身份極不相稱的事。這對於一個事業有成的大出版家來說，是很令人為之感到遺憾的人生經歷。

以商務印書館事業為基礎，以「社會賢達」身份參加國民參政會和政治協商會議，王雲五原先並非沒有一顆愛國報國之心。但是，他

---

32 毛澤東：〈新民主主義的憲政〉，見《毛澤東選集》，第 2 卷。

思想中揮之不去的正統觀念、忠君意識，不僅使他違背了他早年曾經有過的民主觀念，也使他失去了辨別是非的客觀性和公正性。正如頌揚他的馬持盈所說的那樣，在抗戰中後期「他以抗戰建國為尺規，以民族生存為職志，以崇信領袖為準繩，凡事之合於此義者則欣然贊同，凡事之背於此義者則嚴詞批駁」。這種唯蔣介石是崇、唯國民黨旨意是聽的觀念，同維護民眾的根本利益之間，實際上是有相當距離的。發展到後來，使王雲五成為非國民黨人士中崇拜蔣介石的典型人物，「幾十年間，雲五先生對領袖知無不言，言無不盡，竭智盡忠，惟力是視，一心為國為民，毫無個人功名富貴之念，而領袖亦以此對雲五先生倍加倚重[33]」。王雲五所走過的這條人生軌跡，是很令人驚詫感歎的，也是很值得人們深思的。

標榜「為國效力」，出任經濟部長，押錯政治賭注。高價出售敵偽財產，工商業主怨憤叢生。主持部內私分公款，反被蔣介石譽為「亮節清風」，堪稱千古奇談。

王雲五在參政會和政協會議前後偏袒國民黨蔣介石的表現，使國民黨當局決意起用他這位「社會賢達」，以淡化一黨專政的色彩，其表面理由是他在抗戰時期復興商務印書館有功。據王雲五自述，政協會議以後他便明白即將當大官，「蔣主席和其它朋友，或因過分重視我復興商務印書館的成績，卻希望我擔任實際的政務。記得在政治協商會議閉會後不久，蔣先生曾對我透露，在聯合政府成立時，擬以我為國府委員，併兼一個部會的長官」[34]。1946 年 5 月 15 日，王雲五

---

33 馬持盈：〈我所認識的王雲五先生〉，見王壽南主編：《我所認識的王雲五先生》。
34 王雲五：《岫廬八十自述》，頁 387。

被正式任命為經濟部長。發佈任命令的第二天，中央社記者在上海採訪了王雲五：

王氏笑語記者稱：餘年已屆六旬，猶未至「徵兵」限制年齡，在政治復員之際，國家須用余，餘自當為國效力。故當蔣、宋兩先生在京徵余同意時，餘即表示，餘不是來做官，是來做事，做事則必絕對負責。

王雲五被國民黨軍政力量強大的表象所迷惑，以為南京政府必能「長治久安」，遂決意「為國效力」。但是，他實際上押錯了政治賭注，找錯了效忠的對象，而他對工做的負責精神卻一以貫之，效力於一個違背人民根本利益的政權，這就使他為官的政績只能與「糟糕」兩字聯繫在一起。解放戰爭時期，國民黨統治區經濟一團糟。分管經濟工作的王雲五面對一團亂麻，梳不清，理還亂。而且，在某些經濟政策的制定或執行方面，他表現得頗為主動，因此，國統區經濟崩潰，民怨沸騰，王雲五也有一份責任。

1946 年 5 月 24 日，王雲五正式就任經濟部部長。他指定潘序倫為經濟部常務次長，莊瑞陔、龍大鈞、徐百齊為高級助理，組成自己的「班底」。莊瑞陔在民國初期與王雲五是教育部同事，有多年行政工作經歷，用作高級秘書。龍大鈞是原國防最高委員會秘書處參事，「自願」調來經濟部，用作參事。徐百齊曾多年跟隨王雲五，做過商務印書館人事科長，用作秘書。經濟部的另一名次長蕭錚（青萍），是經由蔣介石推薦而來的[35]。經濟部的其它官員，與王雲五沒有特殊

35　〈岫廬自撰年譜稿〉，見王壽南：《王雲五先生年譜初稿》，頁 527-528。

的關係。

王雲五就任經濟部長後遇到的首要「特殊任務」，便是處理前任接收的敵偽工礦企業。國民黨軍政部門接收敵偽資產始於 1945 年 9 月，到 1946 年春季大致告一段落。其時，翁文灝任部長的經濟部負責敵偽工礦企業的接收，分蘇浙皖、湘鄂贛、河北、東北、魯豫晉、粵桂閩、臺灣等七個區進行，各區設特派員負責接收事宜。王雲五上任之初，便覺得數千個被接收的單位來源龐雜，許多接收及處理情況未能如實按期報部，卻無人專管專催，即使已呈送部裏的報告，也分散到各司，無法集中管理。接收工作及善後處理實際上處於無序狀態。於是，王雲五在經濟部特設接收工礦事務管理委員會，以潘序倫為主任委員，令各區特派員將報告集中呈送該委員會。

按原先規定，第一種屬於確係敵偽資產且應劃歸國家管理者，大多移交資源委員會，接收人員也來自該會，因而經濟部只起中介作用，處理難度不大。第二種是確由敵偽強佔的民有資產，應查明發還原主。國民黨接收人員對這部分資產有拖延情形，王雲五下令加快處理。第三種是確係敵偽財產，但「無歸國家經營之必要者」，應售於民營。對於第三種資產的處理很不妥當，引起工商業者的強烈不滿。政府方面要「按值論價」，以出售敵偽財產增加收入。工商業者認為政府索價太高，尤其抗戰時期因內遷工廠而受嚴重損失者，要求優惠補償。至於性質不宜確定的資產，由於接收人員欲乘亂中飽，更難以處置。據經濟部 1946 年 7 月的一份報告，全國共接收敵偽工廠 2411 家，絕大部分變成了官營企業或轉入官僚壟斷資本，其中發還和標賣

的不過 10%。[36]因此，真正屬於可標賣給工商業者的敵偽企業為數很有限，但王雲五仍想盡辦法榨取民族資產階級的油水。王雲五擬訂內遷工廠承購接收工礦企業的「優待辦法」分為一次繳價給予折扣、分期交價及租賃經營三種，他竭力推行第一種即一次性繳價的辦法，目的是盡快收集游資，以利於政府當局的斂財。他解釋道：「蓋鑒於幣值之日漸低落，分期繳付將使國家損失更大，且一次繳價給予折扣之辦法，可鼓勵承購者極力張羅資金，對於游資之利用亦頗有效也。[37]」

在王雲五主持下，經濟部清理已接收敵偽產業的工作，進行得既有條理，也具速效。據王雲五自己於 1946 年 6 月 8 日在立法院所做的有關報告說：

除東北及臺灣情形特殊外，（一）蘇浙皖區出售收入為二千五百億，華北區出售收入一百四十五億，現金證券收入九百三十五億，華南區出售收入七十六億，湘鄂贛區出售收入七十億，共收入三千七百三十六億。（二）本年可能收入者，蘇浙皖區二千五百億，華北區三百億，華南區一百億，湘鄂贛區三十億，共二千九百三十億。前述兩項已收未收取總數為六千六百六十六億，此與政府預算所列此項收入七千零四十七億相差不致太巨[38]。

清理與出售敵偽資產，王雲五做得乾脆利索，但並不值得鼓吹，因為這是一件「利國損民」的事。話得說回來，他的所作所為，儘管

---

36 陳真編：《中國近代工業史資料》第三輯（北京市：生活・讀書・新知三聯書店，1961 年），頁 746。
37 王雲五：《岫廬八十自述》，頁 390。
38 《新生報》，1946 年 6 月 9 日。

屬於「與民爭利」，還算是「合法」行事。至於眾多接收人員對敵偽資產的貪污中飽、敲詐隱匿等情弊，那是他這位經濟部長管不了的。國民黨接收大員來到「收復區」，如餓虎入市，貪婪無比，被人們稱為「五子登科」式的「劫收大員」，金子、房子、車子、婊子、衣服料子樣樣要搶，要占為己有。當時，原敵佔區的老百姓中流傳著這樣一句順口溜：「想中央，盼中央，中央來了活遭殃。」對此，王雲五不便作直接的述評，但偶而流露出對國民黨官員腐敗的不滿。以「社會賢達」的身份從政，卻陷入污濁黑暗的官場，污損了前半生奮鬥拼搏掙來的名氣，這是王雲五的不幸；但當官之美夢成真，離不開「領袖」破格提攜之恩，這又是不能不報的。於是，他竭力保持「潔身自好」，不貪不拿，繼續為「黨國」效力，對「領袖」盡忠。

經濟部的另一項工作是對收復區的企業進行重新登記。「因有敵偽時期增減資本，及附加敵偽股本的關係，除極少數外，幾乎全部需要重新登記」。為免工礦企業登記遲緩，王雲五規定，「凡無須由地方政府承轉之必要者，可逕自呈部，以省周折」，需承轉者，限期辦妥。但是相當數量的工商業主拒不登記或拖延時日。他們對政府當局缺乏信心，一則敵偽時期資本變化，易被當局或接收人員找到勒索的藉口；二則「國幣與偽幣之轉出轉入，與國幣不斷的貶值，往往使工商業名義上的股本不能代表其實際上的資產」。但是，民營企業不登記，就使官方資產評估人員得以任意估計企業資產，從中獲取私利，這對於「國家」是不利的。為了「勸導」工商業主接受廠礦企業重新登記，「指導企業發展」，王雲五向行政院提議，在上海、廣州、漢口、天津、重慶各設工商輔導處一所。1946 年底到 1947 年春，各地

工商輔導處先後設立，但為期不過一年，立法院在審核 1948 年預算時，將工商輔導處裁撤，理由是各省已有建設廳，直轄市則有社會局，其職能已涵蓋工商輔導處的工作。

　　至於經濟部的「經濟管制」職能，實際上是名存實亡。許多政府部門和軍事機構都插手經濟工作，想方設法撈好處，經濟管制工作也由各方分擔。經濟部在名義上管煙煤、棉紡，實際職權也很有限。王雲五任經濟部部長後，設在上海的燃料管理委員會劃歸經濟部管轄，旋又在天津設立天津區燃料管理委員會，以調度煤運，供華東、華南、華北、華中各城市所需。由於戰局影響煤運，眾多官員乘亂中飽，煤炭的官價與黑市價相差懸殊。王雲五身為經濟部部長，面對部轄機關官員的普遍腐敗，卻只能眼開眼閉。王雲五脫離經濟部工作後，上海區燃管會許多高級人員因案發被判處徒刑。1948 年秋，立法院決議撤銷該會。對於棉紗業的管制，始於王雲五出掌經濟部之前。經濟部於抗戰勝利後即設置紡織事業管理委員會，以部轄之中國紡織建設公司總經理束雲章為主任委員，其職能之一是通過控制紡織品售價來「管制」所有民營紡織企業。1946 年 9、10 月間，因貨幣貶值，外匯價也作了相應調整，紗價上揚。王雲五想抑制過分上漲的紗價，提出「自治的合作」，即變更紡織事業管理委員會這一機構的純官辦性質，聘請 4 位民營紗廠的主持人擔任委員，今後紗織品的配售與售價，在委員會內協商決定。但是，王雲五的西式「科學管理法」運用到中式官僚管理機構，產生的只是異體排拒效應，官與商之間的衝突有增無減。該委員會勉強作出的決定缺乏約束力，紗織品黑市交易反而更為活躍。王雲五無計可施，束雲章辭主委職，上海市市

長吳國楨兼任該委員會主任，以圖加強對棉紡的管制。棉紡管制越演越烈，效果卻越來越差，到王雲五離開經濟部後，「政府將原有紡織事業管理委員會改組為紡織事業調節委員會，規模之大十數倍於紡管會，其所宣示之『代紡代織統購統銷』政策」，推行中阻難重重，造成「官商僵持，至再至三」的局面，「管制政策在我國之難實施，於是可見一斑[39]」。

南京政府在接收敵偽工廠的基礎上，曾建立了許多全國性或區域性的工業獨佔組織，在上海的中國紡織建設公司即為其中之一。中紡公司成立於 1945 年 11 月 27 日，擁有 85 家工廠，1946 年獨佔全國紡錠 49%，布機 86%，棉紗產量 39%，棉布產量 74%[40]。中紡公司表面上歸經濟部主管，由經濟部部長兼任董事長，但實際主持人是行政院院長宋子文。王雲五曾試圖抓三件有關事務：一是盡力擴大復工率，半年之間使復工紗錠增加 40%以上；二是實行審計制度；三是限制中紡公司隨意將產品提價。前兩件事只是開了個頭，難以切實貫徹；後一件事的實效也不大。王雲五對於中紡公司的管理有隔靴搔癢之感，其重要原因是行政院長宋子文掌握著實權，「社會賢達」出身的經濟部部長王雲五往往管不了經濟。對於宋子文專斷的工作作風及其產生的後果，王雲五一直持批評態度，間或用規勸的方式予以抵制。1946 年 11 月上旬，宋子文擬按成本收購民營紗廠產品，此舉勢必進一步激化政府同民族資產階級的矛盾。王雲五致函宋子文，極力勸阻，提出五點意見，其中第三、四點意見頗能反映王雲五的見識與維護當局利益的「苦心」：

39　王雲五：《岫廬八十自述》，頁 395-396。
40　唐振常主編：《上海史》（上海市：上海人民出版社，1989 年），頁 868。

（三）……目前各種民營工業多不易支持，獨民營紗廠利潤尚厚，一旦有按其出品成本收購一部分之案，如於收購後平價分配，尚無問題，若仍按市價出售，將不僅惹起民營紗廠之劇烈反對，且使其它尚可獲利之工業因而寒心，與政府鼓勵民營工業之旨似有不合。

（四）政府經營中紡公司，苦心孤詣，而國人多不諒，今後擬按原定計劃逐漸以中紡股份讓售於工業界，乘此紡織業獲利獨厚之時，趕緊辦理，則購者必多，政府苦心與目的亦可達到。假定中紡資產值二千億元，售股半數可得一千億元，我國庫亦不無小補[41]。

宋子文主張低價收購民營紗廠產品，王雲五建議出售中紡公司股票，兩者在形式上截然不同，但目的都是一個，那就是斂取民間遊資，彌補財政赤字，以維持南京政府。中紡公司員工待遇過高，引起多方指責，也給王雲五造成一些麻煩。國營企業員工待遇偏高的問題，在抗戰時期已經存在。靠山吃山，靠水吃水，那時在官辦獨佔性企業中工作的員工，其收入遠遠超過其它公務人員，政府當局規定國營企業人員待遇不得超出同級其它公務人員30%，然而「施行以來，仍多陽奉陰違，致往往引起其它公務人員之不平，與民意機關及參政會之抗議」。抗戰以後甫經成立的中紡公司，雖規定員工底薪80元以下部分不打折扣，80元以上部分一律按四五折發給，但中紡員工所獲年終獎頗為豐厚，相當於5個月的薪金。不久，中紡公司員工薪金猛升，高過同級公務員數倍，政府各部門都表示強烈不滿，要求加以限制。「國防最高委員會亦經課決，嚴格執行國營事業人員待遇辦法。換言之，則除年終給獎外，平時待遇只許照同級公務員增加三

41　王壽南：《王雲五先生年譜初稿》，頁 549-550。

成。行政院根據此項決議，經迭令主管部會照辦。[42]」王雲五想採取變通措施，使中紡公司員工待遇逐步降至行政院規定的標準。他在中紡公司行政會上提出，薪金 80 元以下仍不打折，81 元至 150 元部分以四五折發給，151 元至 300 元部分為三五折，301 元以上部分為二五折。這一辦法僅僅限制高收入人員的月薪，還未涉及獎金，但傳達到中紡公司，立即引起怨言四起，而其它部會主管的國營企業「均不肯稍為降低」待遇，致使王雲五不能再推行對中紡公司工薪改革的第二步措施，而立法院等機構則「以中紡待遇過高責備主管部」。王雲五離任後，中紡公司重新作規定：100 元月薪以下照發，100 元以上一律改發五折。王雲五在中紡公司所做的僅有的一條工薪改革措施，也被改了回去。

曾在商務印書館力行改革並取得顯著成效的王雲五，擔任經濟部部長後難以有所改革作為。這倒不是他的無能，而是蔣家王朝這臺統治機器失靈了。蔣介石一再嚴厲表示要「清除腐敗」，立法院、行政院也三令五申要懲處貪官污吏，但各級官員的腐敗早已侵肌入骨，各政府部門都打自己的小算盤。這臺專政機器，看似龐大無比，但內部已經朽壞，格格作響，運轉不靈。即使以清廉自居的王雲五而言，即使以負有反腐職責的經濟部而言，也沒有能從內部進行反腐敗，以致經濟部自身的腐敗，成為輿論攻擊的一個焦點。

事情經過大致是這樣的。經濟部收到中紡公司和上海區燃管會 5 億余元解款後，王雲五按經濟部以往處置辦法，「決定照向例以一部分公開平均分派於全體部員，而保留第一部分，分配於各單位主管

42　王雲五：《岫廬八十自述》，頁399。

人，按其職責之輕重，定所得之多寡，記得最多者為兩次長各得法幣二百萬元，以下遞減至科長階級，各得數十萬元。我個人獨未支領分文」。由於經濟部內部分配不均，這件事被捅到報社，輿論譁然。

王雲五對於這件「竟遭遇一度的誣捏」之事很為惱火，到處鳴冤叫屈，並標榜自己「分文未領」。也許是他「久入鮑魚之肆而不知其臭」的緣故，或者是他「不識廬山真面目，只緣身在此山中」，他也不想想，扣壓國營企業上交錢款，私自在主管部門分攤，而且私分錢款的數量如此之巨，有何「冤」可言？如此「養廉」，豈不是「養貪」？這樣的腐敗，甚至比封建王朝的腐敗還有過之而無不及。清朝各級官員的養廉費相當於每月的俸給，數額由中央政府明確規定，各部同級官員待遇一律。民國時期的經濟部，居然私自扣留下屬國企上交的資金，擅定高額標準，在部內發放。這樣的不法舉措，若按清律是要革職嚴辦的。而主持其事的王雲五還自以為辦事光明正大，遭受了「誣捏」。他向蔣介石以及行政院院長宋子文、副院長翁文灝及監察院院長于右任分別上書，要求徹查此案，「還以清白」：

結果除蔣主席分別以代電及書面溫語勸慰外，行政院宋院長及翁副院長深悉許多部會皆有此種辦法，尤以翁副院長於其在經濟部任內曾辦理此案，我僅係蕭規曹隨，無不深切諒解。但是最有力量，還是於院長接到我的請求，即指定監察委員分別到經濟部及中紡公司、上海區燃管會調查案卷，得知我對此款之收付分派，絲毫不苟，尤以自己絕未分潤分文，遂覆函證明，於是真相大白。此外蔣主席，除曾於晤面時，溫語勸慰勿予介意外，並於二月八日給我一個代電，茲將電文錄左：「經濟部王部長雲五先生勛鑒：本年元月二十九日函呈悉。

兄亮節清風，一介不苟，不惟中正深知，亦社會所堅信決非二報章不負責任之批評，所能混淆。此案既經更正，事已大白，似不必多所計較也。[43]」

在貪官污吏肆無忌憚地私分公款、侵吞民間財富時，全國經濟一片凋零，工農業生產極不景氣，億萬民眾處於飢寒交迫的境地。1946年下半年至1947年間，上海、天津、重慶等20多個城市倒閉的工廠有2.7萬餘家。其中僅上海一地，1946年下半年製造業倒閉約80%[44]。工廠大量倒閉，造成極為嚴重的失業問題。1947年，上海失業、半失業工人近200萬，重慶18萬，天津、青島各7萬[45]。農村也一片殘破，河南、湖南等省40%以上土地拋荒，農民逃荒淪為乞丐者不計其數，餓死他鄉者也隨處可見。國民黨挑起的內戰在激烈進行，國統區物質匱乏，分配不當，物價飛漲。1947年3月17日，政府當局頒佈經濟緊急措施辦法，強行凍結物價與工資，但不到一個月，物價再度失控。1947年7月的物價竟比抗戰勝利時上漲89倍。經濟情勢嚴重惡化，財政赤字突飛猛增，1946年為46978億元，1947年更高達293295億元[46]。如此嚴重的經濟問題，經濟部長王雲五管不了，也從未提出過補救辦法；國民黨最高當局更無暇顧及，而是忙於擴大內戰，忙於為內戰籌措經費。1947年3月下旬，焦頭爛額的行政院院長宋子文辭職，各部會負責人紛紛提請辭職，王雲五也辭去經濟部長職。南京政府面臨新的統治危機。王雲五想退出政治，閉門讀書做學問。他作此考慮，基於以下兩點原因：一則經濟部長任

43 王雲五：〈岫廬自撰年譜稿〉，見王壽南：《王雲五先生年譜初稿》，頁566-567。
44 張奇瑛：〈三十五年度之中國經濟〉，載《東方雜誌》第43卷第11號。
45 魏宏運主編：《中國現代史資料選編》(5)（哈爾濱市：黑龍江人民出版社，1981年），頁286。
46 秦孝儀主編：《中華民國經濟發展史》第2冊（臺北市：近代中國出版社，1985年），頁902。

內幾乎沒有任何積極的作為，官場污濁也令他灰心；二則據他估計，他的積蓄足可維持家人五年生活，因而有條件邊「隱居」，邊觀時局之變。但是，蔣介石與新一任行政院院長張群數次找他，竭力邀請他再度出山，這是因為南京政府太需要他這樣的「社會賢達」來裝飾門面了。經過一番並不堅決地推辭，他放棄了「隱居」的念頭，當上了更大的官——4 月下旬出任國民政府委員和行政院副院長。

名列國府委員，甘為獨裁統治做「花瓶」。擔任行政院副院長，為籌措軍費搜刮民間財產，社會各界怨聲載道。萌生退心，預作遺產分配，卻又在「勸說」下出任財長。

國民黨中常會、國防最高委員會於 1947 年 4 月 17 日召開聯席會議，決定修改《國民政府組織法》，改組政府。《國民政府組織法》規定，「國民政府設委員四十為限」，「五院院長為當然委員」。4 月 23 日國民政府委員會成立之日，僅有國府委員 29 人，其中國民黨人 17 人，民社黨、青年黨、社會賢達各 4 人。行政、立法、司法、監察、考試五院院長皆由國民黨員擔任，非國民黨員僅王雲五、張厲生、李璜、左舜生，分別擔任行政院副院長、內務部長、經濟部長、農村部長，其餘部會長官皆由國民黨人擔任。蔣介石據此宣佈，「已完成多黨之政府[47]」。國府委員第一次會議決定，將國民政府召開的最高會議稱為國務會議。同日，國防最高委員會結束，其職權移交給國民政府委員會與國民黨中央常務委員會。國務會議每兩周舉行一次，討論立法原則、施政方針、軍政大計、財政計劃，以及各部會長官的任免、院與院之間難以解決的問題和主席交議的事項，或委員 3

47　《中美關係資料彙編》第 1 輯（北京市：世界知識出版社，1957 年），頁 749。

人以上連署提議的事項。王雲五出任行政院副院長，並「入閣」為國府委員。國府委員的職責看似極為重要，其實是最清閒的官職，有如做擺設的花瓶。各部會許多重要決定，往往不經國務會議討論便採行了，提交討論的大多是追加預算案，但事先已經由行政院及該院預算委員會詳加研討，又經過國民政府主計處按程序編序後提交討論，「各委員為著尊重行政院之試行負責制度，無不照案通過[48]」。對於人員任免的討論，也只是走過場，形式一下。因而，國務會議討論議案，通常不會產生異議，很快就予以通過。國民政府委員會另設政治、法律、經濟三個審查委員會，以國府委員與各有關部會長官為委員，每一委員會有 2 名召集人。王雲五與另一名國府委員邵力子為經濟審查委員會召集人。該委員會一年只審查二三件提案，也是政治擺設品而已。

如果僅僅當個做擺設的國府委員，倒也罷了，但王雲五還有行政院副院長一職夠他操心的。按慣例，行政院副院長平時不負責專門事項，王雲五任副院長職後，主要的工作便是審議議案。張群主持行政院，與前任院長宋子文相比，工作作風較開明，會議開得較多。以性格而言，宋子文頗為專斷，習慣於個人說了算，張群較為緩和，不貿然下結論。從政務會議出席人員看，宋子文任院長時，除經濟部長王雲五和交通部長俞大維為無黨派身份，各部會長官皆係國民黨員；張群任院長時，非國民黨的政務委員有所增加。因此，宋子文任院長時，國民黨的主張便可視為政府的主張，宋子文不能容納七嘴八舌的討論，往往以他的意見為決定意見，訓政時期的訓導作風甚為明顯。

48　王雲五：《岫廬八十自述》，頁 455。

張群任院長後，允許與會者發表不同意見，然後作出決議。張群讓王雲五擔任經濟委員會、預算委員會的召集人，時常主持小組會議，討論的問題涉及內政、經濟、教育、交通、實業各個方面。張群讓王雲五分享些權力，原本出於協調正副職之間關係的美意，也合乎王雲五好管事的性情，不料反而害苦了王雲五，使他屢屢侵犯社會各界的利益，激起普遍的不滿，幾乎成了人民的「公敵」。

國民黨在中原地區發動的全面進攻被粉碎後，對山東、陝北的重點進攻也遭到慘敗，又不吸取教訓，仍企圖用武力「解決」中共軍隊。為了籌集內戰經費，國民黨當局加緊搜刮國統區人民財產，王雲五「認真」從事行政院副院長的本職工作，實際上起了為虎作倀的作用，引起社會各階層對他的不滿。王雲五曾回顧說：

在我主持這些小組會議當中，對內方面，由於我之遇事認真，處置也有條理，在同人中頗得好感；但對外方面，任何決議，因利害關係不同，自難盡如人意。關係人總覺得我是會議主持人，而且主張最有力，對於我便有許多的不滿，尤其是上海的工商界。……總括起來，對於資產階級我犯了三大罪；對於勞動階級，我也犯了一罪[49]。

所謂對資產階級的「三大罪」，指的是禁止跳舞，攤派救濟特捐，批徵財產稅。

禁舞令起因於全國經濟委員會研究執行蔣介石交付的「節約方案」。全經會秘書擬就的「節約方案」中，有禁止營業性跳舞的條款。王雲五也力主禁舞，於是全經會通過分階段禁舞的方案，提交行

49　王雲五：《岫廬八十自述》，頁 456-457。

政院政務會議討論。但有兩位政務委員不同意分階段禁舞，提出立即禁舞，其理由是：「全國難民與前方將士艱苦萬狀，而上海等都市的侈靡性舞場仍予維持至若干時日，將何以平人心？」在「政府應有革命精神」等嚴厲措辭造成的壓抑氣氛下，多數與會者改變態度，轉而贊同立即禁舞。禁舞令發佈後不得人心，各地多存觀望態度，上海方面反對最烈，舞女請願，資本家冷嘲熱諷，報界透露禁舞案討論內幕，矛頭指向「始作俑者」王雲五。上海市政府為了避免引火焚身，也公開表示禁舞令不可實施。在禁舞令頒佈之前，上海市政府官員曾建議王雲五通過加重舞業稅收，「寓禁於徵」。王雲五認為不妥，堅稱必須禁舞。上海的資本家受「洋場」文化影響，喜歡現代娛樂活動，又有點西式民主意識，不願接受專橫的禁舞令，對力主禁舞的王雲五尤為反感——他曾是學者、出版家，又兼有資本家身份，原先還是比較開明的，為什麼當上了大官便翻臉不認人，拿昔日處於同一社會層次的資本家來尋開心？

救濟特捐案是由財政部草擬的，交行政院審議。行政院組成小組予以審議，由王雲五、邵力子召集參政員、立法委員及寧滬兩市市長、參議會議長等舉行會議，決定以「勸募」為名徵集社會遊資。按有關規定，「中央組織救濟特捐督導委員會，以行政院副院長為主任委員，財政部部長及社會部部長為副主任委員，內政部部長及參政員、監察委員、立法委員各二人為委員」。這樣，王雲五就成為該委員會的主任委員了。特捐「使命」在身，必須主持其事，強行攤派。救濟特捐「募捐」總額為 10 億元，攤派於各大城市，上海一地就攤派到 5.5 億元。上海的地方官員認為攤派數過多，而且沒有個人財產

登記為依據，不便強行實施。資本家人人自危：違抗則要受嚴厲制裁，「募捐」則於心不甘。那些擔任黨政要職而又富得流油的「豪門」卻避而不捐，資本家更為憤憤不平，對該委員會主任委員王雲五極為反感。

徵收財產稅則發生在王雲五擔任財政部部長任內。徵收財產稅一案，由立法委員劉不同向立法院提出。在立法院財政金融委員會會議上，王雲五也同意此案，只是提出要先辦理財產登記，徵收財產稅才有依據。上海工商界認為，劉不同與王雲五在唱「雙簧」，企圖再次榨取民間財富。還有一點必須提及，在王雲五的自述和其它涉及他本人經歷的論著中，沒有他本人交納過救濟特捐和財產稅的任何記載；1948 年他主持幣制改革，禁止民間私藏黃金、外幣，他本人也沒有用外幣兌換金圓券的記錄。他寫自述和其它自傳性著作的一個顯著特點是有功必錄，力表清白。他迴避本人是否為「國難」動用過私產，說明他本人就隱瞞財產，違抗自己參與制定的各項有關法令。國民黨內的「豪門」莫不如此——藉口「國難」，竭力搜刮民脂民膏，同時緊緊摀住自己的口袋。更有甚者，乘機大發「國難財」。捨不得交出自己的財產用於「特捐」，又不敢觸動「豪門」，王雲五推行的經濟政策必然遭到民間的普遍抵制。

對於工人，王雲五「開罪」得更厲害了。1947 年 2 月，國民政府頒佈經濟緊急措施令，強行凍結物價與工資。但物價壓不住，工資卻被凍結了，民生極苦。5 月，上海工人紛紛要求增加工資。經行政院原則同意後，上海市政府擬具工資解凍方案：底薪低於 30 元者，按其底薪乘生活指數，不予折扣，其超出 30 元部分，每 10 元遞減半

折。行政院討論此方案時，王雲五提出兩種修改方案，以 30 元以下不打折扣為前提，其超出部分，一是每增加 10 元遞減一折，減至發行二折為止；二是每增加 5 元減一折。按王雲五的第一方案，每百元薪金工人實得 72 元；據其第二種方案，每百元薪金工人實得 58 元。而上海市府的方案，每百元工人得 86 元。在行政院小組討論中，決議採用最嚴的辦法，即百元薪金工人得 58 元。在張群主持的全經會會議上，上海市長及社會局長列席，力主 86 元案，遭到王雲五的反對，最終達成 72 元案。這次討論的經過不久即宣揚於外間，王雲五的意見觸怒了民眾，他說，「於是上海勞工界便異口同聲認為我是刻薄勞工的罪人了」。

教育界對王雲五也深感不滿，這是因為王雲五主張裁減教育經費。王雲五在行政院副院長任內時，兼預算委員會主任委員，委員為財政部長、行政院秘書長以及所有不管部的政務委員。王雲五主管預算審議，自謂「在實際上主持了國家的財政大計約莫一年」。對於教育部所提追加預算案，王雲五提請教育部門盡可能減少經費支出。首先，他認為提高大學教授待遇的時機尚未成熟，必須以裁員為前提，即預先在國立大學裁冗員 20%，其理由是國立大學的教職員工與學生人數之比過低。但是，高校全面減員需要時日，而教職員工收入微薄，解困已是燃眉之急。曹聚仁教授曾指出，抗戰初期，教授月收入合 15 塊銀圓，約等於抗戰前的十分之一；到 1948 年，教授的月收入只合五六個銀圓，不及抗戰前女工的一半。可見，大學教師收入之低微，已經到了無法忍受的地步。

但是，王雲五以裁員為前提的加薪建議，其實質是以裁員為藉

口，拖延亟須解決的加薪問題，結果必然是緩不濟急，使大學教職員工繼續處於貧困狀態。這是王雲五「開罪」教育界的一個方面。第二，他力主削減公費生名額。抗戰期間，從淪陷區來到後方的中等學歷以上的學生，一律享受公費就讀的待遇。王雲五認為，抗戰既已結束，這 30 萬名學生繼續享受公費，成為「國庫一重大的負擔」，這種狀況必須改變。他在預算委員會和政務會議上均主張：「除原有公費生成績合格者得維持至畢業外，今後國立大學所招新生，僅對於最優的百分之十或二十而家境確屬清寒者，給予獎學獎。」與此相應，他提出另一條意見：多辦中等職業學校，高校招生數「暫時以不超過各該校畢業人數為準[50]」。經過八年抗戰，大學畢業人數已經減少。王雲五卻提出大學招生數不得高於畢業人數。如果他的意見被採行，必將使大學招生數繼續減少，而且公費生中的百分之八、九十要改為自費生，這在民生極苦的年代裏，只有少數富家子弟才有機會上大學。這種主張，理所當然激起教育界人士的義憤。

在公務員加薪問題上，王雲五主張裁減公務員一半，留職者加給待遇一倍。他堅持的原則是公務員可以加薪，但不能增加國庫負擔。但是，裁員勢必引發政府機關的震盪，「各首長無不視裁員為畏途，甚至裁減百分之廿之辦法，也因各方面之反對，而無形取消了[51]」。

王雲五為了增加國庫收入，絞盡腦汁減少支出，增加稅收，他幾乎得罪了社會上各個層次，同時也把自己推入四面楚歌的境地。對王雲五還有些許「好感」的，在那時只有軍界了。張群任行政院長後，

50　王雲五：《岫廬八十自述》，頁 464。
51　王雲五：《岫廬八十自述》，頁 466。

以整頓軍隊風紀為由，提出提高國民黨官兵待遇，王雲五「力贊其議，為之詳加計劃，遂有文武待遇一致的原則決定」。此前，武職待遇平均不及文職一半，王雲五的計劃獲得通過，實際上把國民黨軍官的待遇提高了一倍以上。而當時國民黨軍官人數多達 50 餘萬，「較中央公教人員多七八成[52]」。這項加重國庫負擔的龐大開銷，王雲五竟然主動規劃，可見其財政預算的思路已經完全納入蔣介石窮兵黷武的內戰框架——強令人民勒緊褲腰，不擇手段地榨取錢財，用於高薪養兵，用於內戰。令王雲五歎息不已的是，軍餉雖然大增，而軍隊腐敗之風依舊，「自三十六年（1947）某月實行以來，據國防部報告，武職人員頗知感奮，故已開始設法核實士兵名額，以期逐漸矯正歷年吃空缺之弊。唯多年故習，積重難返，一時不易收大效」。在政務會議討論東北駐軍費用追加案時，國防部提出以 70 萬人計算，王雲五「嚴詞指責」報呈人數失實，經查核，減為以 50 萬人計算軍費追加數額。王雲五對軍方的貪婪腐敗不勝悲哀，後來慨歎道：「岳武穆嘗有希望文官不要錢，武官不怕死，我則認為凡愛錢之武官沒有不怕死者。證以後來之事實，益信其然。[53]」對於國民黨軍官貪財怕死，王雲五的體會確是十分真切。但是，他本人卻為武官的貪財不斷開闢財源，想盡方法搜羅社會遊資和人民的血汗錢。他曾經自我感覺良好地說道：「當我每次為國家節省了一點靡費，換句話說，就是替人民減少了一點非必要的負擔，縱然或會引起各方面的不滿，而我總是相當的愉快。」但是，他建議節省的開銷卻是非軍事性支出，目的是將節省下來的開銷轉用於軍費。他擔任預算委員會主任委員近一年，從未

52　王雲五：《岫廬八十自述》，頁 466。
53　王雲五：《岫廬八十自述》，頁 467。

否決過追加軍費案，反而為增加軍餉開闢財源出謀劃策。社會各階層對他的強烈不滿，不正是由於他順從國民黨蔣介石政權的意旨，力圖挖盡民間資財用於內戰嗎？各地工人、學生和廣大民眾的反飢餓鬥爭，不正是由於生存維艱，才敢於向炮口要口飯吃的嗎？

除了預算委員會的工作較為「實在」外，與行政院副院長王雲五有關的其它工作，相對而言就不那麼重要了。與他有關的委員會還有全國經濟委員會、賠償委員會、善後事業委員會。全國經濟委員會的前身為最高經濟委員會，宋子文任行政院長時，該委員會一年中未開過一次會。張群組閣後，規定全國經濟委員會每兩星期開一次會，還時常增開臨時會議。全經會會長由行政院長張群兼任，行政院副院長、有關部會長官及中央銀行總裁為當然委員，另有黨部要員、立法委員、工商界領袖各若干人為聘任委員。人多言雜，又要考慮議事保密，因而提交該會討論的大多是無關緊要的經濟改革案，提案在大會、小組、綜合組之間轉來轉去，通常是空費時間，「而這方案所規定者，付諸實施的恐怕還不到十分之一。又該會還擁有一個龐大的秘書處，所用人員多至二百餘名，除了為該會的大會和小組會議服務以外，也不易發生充分的作用」。王雲五的這番話反映出全經會徒具形式，冗員充斥，他對此看不慣，但又無可奈何。

賠償委員會主任委員由行政院副院長兼任。該委員會職能為調查我國在中日戰爭中所受損失，審議賠償事宜。由於中國與有關國家未及時統計出損失總數，遠東賠償委員會難以核定確數，於是經美國提議，拆遷部分日本工廠作為前期賠償，於 1947 年冬開始執行，因而賠償委員會的工作主要是分配從日本運來的機器。分配比例，王雲五

的前任已決定約十分之九給國營企業，其餘配售民營企業。王雲五接任後，考慮到建廠和裝置機器都要動用國庫資金，遂將配售民營部分增至四分之一，美金計價，以補償國營企業建廠等費用。其基本思路仍然是收集民間遊資，減輕國庫負擔。關於日本歸還劫掠物事宜，幾經交涉，方達成協議。

善後事業管理委員會主任委員也由王雲五擔任。該委員會理應具有處置行政院及聯合國救濟總署遺留資產的權力，但這項權力卻被劃歸保管委員會，實權操持在保管委員會外籍人員手中。王雲五主持善後事業委員會的幾個月中，只辦了一件移花接木的「實事」。聯合國救濟總署曾無償撥給中國一批木料與配件，擬用於建造 8000 艘漁船，以補償抗戰時期漁民蒙受的部分損失。這批木料運抵上海後堆積了一年半，已漸有損壞，當局仍不予處理。王雲五想出一個解決辦法，其要旨還是為當局發國難財。據他自述：「聯總所供應我國之造船木料，皆繫上等洋松，尺度甚大，以之造各地需用之小木船殊不經濟，且未必合用；反之，我國各鐵路需要枕木，均以外匯向國外定購，苟能以此等木料售給鐵路，得款在各地收購土產木料，以供就地造船，則與國家、人民均有利。[54]」於是，王雲五召集善後事業委員開會，通過這一「利國」損民的辦法。後來，「就出售木料所得現款，依協定比率，分配於各省」，造船工作由各省「自行主持」。這種處置方法，其實是挪用聯合國撥給的救濟物資，以無償所得之木材作有償之枕木料出售，而僅僅將其中部分錢款撥給各省。由此，國家獲不義之利，各省官員又「自行主持」，不免中飽貪污這項錢款。戰

54　王雲五：《岫廬八十自述》，頁 477。

時損失漁船的漁民得到了什麼補償呢？王雲五隻字不提，也無法交代。漁民的救命錢就這樣被「國家」和省裏官員扣沒了，出此點子的還是王雲五。

在王雲五擔任行政院副院長和國府委員期間，國民黨軍隊在戰場上由攻轉守，處處被動，國統區人民對國民黨蔣介石的專制統治普遍反感，無法忍受，反獨裁、反內戰運動此起彼伏，南京政權已呈現崩潰跡象。面對這種局勢，王雲五想到為官生涯恐有不測，寫下了類似遺囑的《六十生日告家人》。

因公務纏身，王雲五長住南京，他的家人均在上海。1947 年 7 月 8 日（陰曆六月初一）是王雲五的生日，這一天夜間，他返回滬上，在上海寓所寫下《六十生日告家人[55]》，把家產作為遺產，詳列分配方法，並說明寫此文的原因：

> 一個政治家須時時準備為國犧牲，才可以有補於國。我國今日到了這般嚴重的關頭，假使我不準備隨時可死，我便不配做政治家。……在這個準備為國犧牲的關頭，尤其在剛到六十歲的今日，再寫一篇好像遺囑的檔，有些人或許認為不吉利，在我則認為是最適當的日子，而且是最好不過的計劃。

在該文中，王雲五統計私產，計有美元 6.2 萬元、商務印書館股份 294 股；另有地產若干，計有真如暨南村 4 畝、浦口九袱洲 18 餘畝、嘉興 30 餘畝；商務印書館出版其個人著譯的著作權；分存於京、滬、港三地的中文書三四萬冊、外文書六七千冊，以及圖畫、資

---

55 王雲五：《岫廬自撰年譜稿》，見王壽南：《王雲五先生年譜初稿》，頁 582-586。

料卡片等。他將上述財產詳加分割,明確大妻、小妻及 8 個兒女各人應得的份額。《六十生日告家人》一文,充分反映出王雲五預感到南京政權面臨統治危機時他本人的心態。

1948 年春,在行政院改組前,張群以省親為由返回四川,王雲五代行行政院長職。5 月 18 日,以張群為首的國民政府向蔣介石提出辭職。蔣介石力勸張群出任下一屆行政院院長,遭到婉拒,遂提名翁文灝。這一提名於 5 月 24 日經立法院通過[56]。王雲五卸任後,曾打算退出政壇,在南京編書寫作,因而把留在滬、港的部分藏書運到南京,以作研究參考用,但清閒的日子沒有過上幾天,最高當局又勸他出任財政部長,於是他又不得不表白一番再次做大官並非出於名利:

萬想不到,我這樣的決心,竟然經不起壓迫而變更了。我究竟為名乎,為利乎?我敢誓言,絕無其事……然則我究竟為著什麼臨時變更我的決心呢?據我很忠實的報導,大抵是由於人情難卻者半,由於生平不自量與不畏難的特性,妄想藉此解決國家的困難者也居其半。沒有前半的人情難卻,便不會引起後半的妄想;沒有後半的妄想,也不致因人情難卻而攘臂下車[57]。

「妄想」兩字用得妥恰。其時國共戰場態勢已發生重大變化,國民黨在軍事上已被迫轉入重點防禦,被牽制在東北、華北、華東、華中、西北五個戰場,處處被動,疲於招架;國統區人民反對國民黨蔣介石統治的鬥爭持續高漲,形成第二條戰線,與解放軍的正面戰場相呼應。在這種形勢下,王雲五還想通過做官,為「解決國家的困難」

---

56 謝子雲:〈行憲後的行政院長〉,載臺灣《傳記文學》第 20 卷第 3 期。
57 王雲五:《岫廬八十自述》,頁 479-481。

盡力，實在是「妄想」。這一「妄想」，也使他失去了選擇此後人生道路的最後機會。至於「人情」，並不是孤立的，它與「妄想」結伴而言。同為「學者從政」的翁文灝，奉命組閣後，勸請王雲五擔任財政部長，蔣介石也多次約他談話，告以軍事形勢會好轉，美援會發生效力。中央銀行總裁俞鴻鈞對他表示，願大力支持財政部工作。王雲五以試任財政部部長 3 個月為條件，答應上任。5 月 31 日，財政部部長任命令頒發了。由於他在經濟部部長和行政院副院長任內政績不佳，而且損民之舉頗多，因此報界和民意機關大多認為他不適於擔任財長。他請辭財長職，未獲當局同意。6 月中旬，立法院對行政院的施政方針大加抨擊，更令王雲五感到財長難當。於是他以「實恐一事無成，尸位誤國」等語再請辭財長職，蔣介石和翁文灝等人再次「力勸」，折騰了好些天，他終於又迴心轉意了。

在王雲五出任財政部部長後，原財政部常務次長李儵（倘）留任原職，政務次長由徐柏園蟬聯，總務次長由前經濟部總務司長吳培鈞調任，主任秘書由王雲五的親信徐百齊擔任。這是那時王雲五在財政部的主要班底。

下定幹到底的決心後，王雲五提出必須加強三方面的工作，即增加稅收，裁併機構，改革幣制。增加稅收的舉措，一是強化財政督察，以剔除稅收人員中飽等情弊。但是，財政部的督導委員會直拖延到王雲五辭去財長之前不久才建成，根本來不及發揮作用。二是提高稅率。例如，輸入品稅收增加 20%，增訂新鹽稅，貨物稅的徵收由三月一次改為一月一次，以彌補通脹造成的稅收損失。此類舉措，加深了當局對民營企業與民眾的盤剝，增加了國庫收入，但對於龐大的

軍費開支而言，不過是杯水車薪。裁併機構的舉措為，將滬、津、漢、穗四市的稅收機構改為財政部直轄，其它地區，中央至各縣的直接稅局與貨物稅局歸併為一，在財政部設國稅署，在地方設國稅局。結果，國統區稅收機構由 1500 個減至 800 個，稅收人員由 2.9 萬名改為 2.4 萬名。這場大動干戈的機構改革，實際意義只是裁減 5000 名稅收人員，減員所得之費用於留任人員加薪，別無其它效果。上述兩項改革，比起幣制改革來，只是小打小鬧，如流星隕落，劃過夜空，沒給後人留下什麼印象。幣制改革，即所謂的金圓券案，就當局對其的期望，及其所牽動的社會層面來說，都是震驚一時的，這件事也是王雲五一生中最大的敗筆。作為出版家的王雲五，因商務印書館的成功而名聞天下；作為官僚的王雲五，則以幣制改革的失敗而壞了名聲。

昌明文庫·悅讀人物　A0603021

王雲五評傳　中冊

作　　　者	郭太風
責任編輯	蔡雅如
發 行 人	陳滿銘
總 經 理	梁錦興
總 編 輯	陳滿銘
副總編輯	張晏瑞
編 輯 所	萬卷樓圖書股份有限公司
排　　　版	菩薩蠻數位文化有限公司
印　　　刷	百通科技股份有限公司
封面設計	菩薩蠻數位文化有限公司

出　　　版　昌明文化有限公司

桃園市龜山區中原街 32 號

電話　(02)23216565

發　　　行　萬卷樓圖書股份有限公司

臺北市羅斯福路二段 41 號 6 樓之 3

電話　(02)23216565

傳真　(02)23218698

電郵　SERVICE@WANJUAN.COM.TW

大陸經銷

廈門外圖臺灣書店有限公司

電郵　JKB188@188.COM

ISBN 978-986-94919-4-5

2017 年 7 月初版

定價：新臺幣 280 元

如何購買本書：

1. 劃撥購書，請透過以下郵政劃撥帳號：

   帳號：15624015

   戶名：萬卷樓圖書股份有限公司

2. 轉帳購書，請透過以下帳戶

   合作金庫銀行　古亭分行

   戶名：萬卷樓圖書股份有限公司

   帳號：0877717092596

3. 網路購書，請透過萬卷樓網站

   網址　WWW.WANJUAN.COM.TW

大量購書，請直接聯繫我們，將有專人為您

服務。客服：(02)23216565 分機 10

如有缺頁、破損或裝訂錯誤，請寄回更換

國家圖書館出版品預行編目資料

王雲五評傳 / 郭太風著.-- 初版.-- 桃園市 :

昌明文化出版；臺北市 : 萬卷樓發行,

2017.07

　　冊；　公分.--(昌明文庫；悅讀人物)

ISBN 978-986-94919-4-5(中冊 : 平裝).--

1.王雲五　2.臺灣傳記

783.3886　　　　　　　　　　106011167

本著作物經廈門墨客知識產權代理有限公司代理，由北京師範大學出版社（集團）有限公司授權萬卷樓圖書股份有限公司出版、發行中文繁體字版版權。